La dépression
est-elle
une vraie maladie ?

Lucia Canovi

La dépression
est-elle
une vraie maladie ?

9 idées fausses sur la tristesse et le mal-être

Introduction

Si vous n'êtes pas naufragé sur une île déserte depuis plus de cinquante ans, vous avez déjà entendu dire que :

« La dépression est une vraie maladie ! »

« La dépression frappe au hasard... »

« La volonté ne peut rien contre la dépression. »

« La dépression n'a rien à voir avec la déprime. »

Et tutti quanti.

Qu'on rende visite à son médecin, qu'on feuillette un magazine féminin, qu'on ouvre un livre intitulé *La dépression en dix leçons*, ou qu'on se connecte à un forum consacré au sujet, on finit immanquablement par tomber sur ces lieux communs tôt ou tard, et plutôt tôt que tard.

La répétition étant la meilleure des figures de rhétorique, ces opinions passent pour des évidences. Mais que valent-elles ? Est-il prudent d'y croire ? Et quand sagement ou follement on y croit, avec quelles conséquences ?

C'est ce que nous allons voir.

Une « vraie maladie » ?

Commençons par le cliché le plus populaire de tous : *la dépression est une vraie maladie biologique*. Voici quelques variantes que vous reconnaîtrez pour les avoir lues ou entendues ici ou là :

« La dépression est une maladie dont on peut guérir ! »

« La dépression n'est pas une malédiction, mais une maladie. »

« La dépression est une maladie qu'il importe de traiter énergiquement ! »

« La dépression n'est pas un état d'âme, mais une maladie qu'il faut soigner. »

« La dépression n'est pas seulement de la tristesse, c'est une vraie maladie ! »

« La dépression est une maladie que seuls les médecins peuvent diagnostiquer... »

« La dépression est un état de santé qui, comme toutes les autres maladies, peut être traité. »

« La dépression est une authentique maladie reconnue comme telle par les médecins... »

« Il existe une maladie qui touche aujourd'hui plus de trois millions de personnes en France. Une maladie qui peut vous empêcher de parler, de rire, de manger, de travailler, de dormir ou de vous lever le matin. Une maladie qui peut vous empêcher de vivre. Cette maladie, c'est la dépression. »

Si vous voulez d'autres échantillons, tapez *dépression* plus *maladie* sur n'importe quel moteur de recherche et vous en trouverez des milliers. Mais qu'est-ce que ça prouve ?

Certainement pas que la dépression est une vraie maladie biologique.

Alors, la dépression en est-elle une ?

Prisme médical

Vous pensez peut-être que cette question n'est qu'un détail. Après tout, pourriez-vous dire, peu importe si la dépression est une maladie, un vice, un trou ou un phénomène atmosphérique : l'essentiel, c'est d'en sortir !

Mais en fait si, savoir si la dépression est une maladie biologique importe, ça importe même énormément.

En effet la croyance à la dépression-maladie influence et modèle toutes les pensées que l'on consacre à son mal-être. Et pas seulement les pensées : les décisions et les actes aussi.

Lorsqu'on croit à la dépression-maladie, on imagine que c'est à un *médecin* de *dépister* les *symptômes* de cette *maladie*, de la *diagnostiquer* et de nous dire quoi faire. Et puisque c'est une maladie, on se *soignera* avec les *médicaments* qu'il nous *prescrira*. Si ça ne marche pas, alors on se rendra à *l'hôpital* pour subir un *traitement* plus musclé. Au bout du compte, soit on *guérira* complètement et tout rentrera dans l'ordre – soit on gardera quelques *séquelles* (par exemple on pleurera une fois par semaine) – soit on subira ensuite des *rechutes* plus ou moins graves – soit, c'est la dernière possibilité, on mourra à cause de cette *maladie mortelle*, par un suicide.

Mais dans tous les cas, on aura pris la bonne décision : celle de se faire *soigner* par des *médecins*, des *spécialistes*.

Symptômes, dépister, soigner, médicaments, hôpital, guérir, séquelles... Croire que la dépression est une « vraie maladie » met un prisme médical devant les yeux. C'est à travers ce prisme que l'on voit et choisit ; tout ce que l'on médite est coloré par lui. Le vocabulaire de la maladie ne s'ajoute pas aux pensées comme un élément extérieur ; c'est de l'intérieur qu'il les influence, les modèle, les formate.

C'est pourquoi il est si important, et même sans exagérer vital, de savoir si la dépression est réellement une « maladie biologique ».

Deux idées sœurs

Commençons par distinguer la thèse de la dépression-maladie de deux autres idées qui lui ressemblent comme des sœurs et avec lesquelles on pourrait les confondre.

Parce que le corps est intimement lié à l'esprit, d'innombrables maladies ont pour effet ou symptôme un état dépressif plus ou moins marqué. Par exemple, une intoxication au plomb peut induire un état apathique, des idées noires et même des pensées suicidaires. Autrement dit, la dépression peut-être la *conséquence* d'une vraie maladie biologique.

Le cliché de la dépression-maladie ne se confond pas avec ce constat de pur bon sens. D'après ce cliché, la dépression est une maladie biologique *en soi*. Elle serait en elle-même et par elle-même un « dysfonctionnement de l'organisme », une « altération de la santé physique causée par des facteurs internes ou externes »... Être déprimé ou dépressif, ce serait ipso facto être malade, indépendamment de toute autre maladie dont on pourrait souffrir.

Mais la thèse de la dépression-maladie se distingue aussi d'une affirmation à caractère purement métaphorique.

Au sens figuré, *maladie* signifie seulement « ce qui désorganise, affaiblit » ou encore « grave problème ». En ce sens figuré, la dépression mais aussi la pauvreté, l'égoisme et la médisance, sont des maladies. Dire, au sens figuré, que la dépression est une maladie permet de mettre en évidence sa gravité et de souligner que ce n'est ni un caprice, ni de la paresse.

En entendant pour la première fois « la dépression est une maladie », vous n'avez peut-être pas prêté attention à l'ambiguïté de cette phrase, ni fait la différence entre ses deux sens (littéral et figuré), mais ceux-ci n'en sont pas moins distincts. Le sens figuré ne se confond jamais avec le sens littéral ; il n'y a aucun moyen de sauter de l'un à l'autre.

La preuve ?

Lorsque vous montez sur vos grands chevaux, vous n'avez pas besoin de selle, quand on bâtit des châteaux en Espagne, on n'y paye pas de taxe foncière, et une chimiothérapie ne peut rien contre un cancer de l'âme.

La thèse de la dépression-maladie n'est pas l'idée juste et évidente, presque la lapalissade, selon laquelle le malheur durable est un problème (une maladie au sens figuré), c'est la théorie sinon très discutée, du moins très discutable, selon laquelle ledit malheur est une authentique maladie, un trouble médical au même titre que le diabète, l'hypertension, les durillons et la diarrhée.

Le pour

Et maintenant, voyons les arguments avancés en faveur de la thèse de la dépression-maladie.

Vous supposez qu'ils sont nombreux ?

Pas tant que ça. En fait, je n'en ai trouvé que quatre :

1/ La dépression est une maladie puisque les médecins sont d'accord pour dire que c'est une maladie et qu'ils la soignent sous le nom de maladie.

2/ Dans la mesure où la dépression tue plus de gens que les accidents sur les routes, c'est une maladie grave, parfois mortelle

3/ Puisque la souffrance des déprimés est bien réelle, la dépression est donc une vraie maladie.

4/ On n'a pas encore identifié précisément l'origine biologique de la dépression, mais on est sur le point... un peu de patience, ça ne saurait tarder !

Ces arguments sont-ils valables ? Rationnels ?

Examinons-les l'un après l'autre.

Zoom sur le pour

1/ Premier argument : *la dépression est une maladie puisque les médecins sont d'accord pour dire que c'est une maladie et qu'ils la soignent sous le nom de maladie.*

Dans les manuels de logique, on appelle ça un argument d'autorité : quelqu'un de crédible l'a dit, donc c'est vrai ; les médecins voient la dépression comme une maladie, donc ça en est une.

Cet argument repose entièrement sur la respectabilité du corps médical. Le problème, c'est que l'histoire de la Médecine est pleine de bévues et de bavures. Si on en entend peu parler, c'est que le silence les recouvre et que les cyprès les ombragent. Les hôtes des cimetières ne font pas de procès.

2/ Deuxième argument : *dans la mesure où la dépression tue plus de gens que les accidents sur les routes, c'est une maladie grave, parfois mortelle.*

Les tremblements de terre, les sauts en parachute sans parachute et les tueurs en série tuent eux aussi. Cela fait-il d'eux des maladies ? Si la dépression est une maladie parce qu'elle fait des morts, pourquoi votre chat ne serait-il pas un rhinocéros parce qu'il a quatre pattes et une queue ?

Et si vous n'avez pas de chat, ça ne change rien à la validité de l'objection...

Admettons que ce soit la quantité, le nombre de morts, qui fait la maladie. Dans ce cas pourquoi ne vaccine-t-on pas les populations côtières contre les tsunamis ?

Vous l'avez compris : ce deuxième argument ne vaut pas tripette.

3/ Passons au troisième argument : *puisque la souffrance des déprimés est bien réelle, la dépression est donc une vraie maladie.*

Les chagrins d'amour, les uppercuts, les compressions de personnel et les trahisons font très mal, eux aussi... Les souffrances qu'ils induisent sont bien réelles. Et aux dernières nouvelles, ce ne sont pas des maladies. (Ou pas encore, car on ne sait pas ce que l'avenir nous réserve.)

Comme le deuxième, ce troisième raisonnement ne vaut pas un pet de lapin.

4/ Quatrième argument : *on n'a pas encore identifié précisément l'origine biologique de la dépression, mais on est sur le point... un peu de patience, ça ne saurait tarder !*

Paroles, paroles, paroles... Cela fait des dizaines d'années que d'innombrables chercheurs s'ingénient à découvrir une cause biologique à la dépression avec pour tout résultat rien, nada, macache. Supposons que, dans un petit coin perdu de l'Alaska, cinq cents chercheurs d'or creusent pendant une trentaine d'années sans trouver la moindre pépite. Qu'en faudrait-il en déduire ?

Qu'ils doivent juste persévérer encore un peu avant de tomber sur un filon, ou qu'ils ne cherchent pas au bon endroit ?

Ils feraient mieux de creuser ailleurs, nous sommes bien d'accord.

Le contre

Et maintenant, que peut-on opposer à la thèse de la dépression-maladie ?

Quelques arguments très solides.

1/ Les gens ne sont pas diagnostiqués dépressifs à la suite d'un examen médical physique, et quand par exception ils le sont, ce n'est pas positivement, parce que la maladie « dépression » a été identifiée, mais négativement, parce qu'aucune maladie biologique n'a été décelée. Ce n'est pas la présence d'un problème physiologique précis qui indique à un docteur qu'il a affaire à une dépression, mais au contraire *l'absence* de tout problème physiologique qui le lui donne à penser : tout se passe comme si la dépression était la maladie de ceux qui n'en ont pas d'autre.

2/ Si la dépression était une maladie, aurait-on vraiment besoin de l'affirmer avec emphase, et d'écrire des articles et des livres dans le seul but d'en convaincre les sceptiques ?

Vous avez certainement noté qu'aucun médecin ne ressent le besoin de répéter sur tous les tons « la rougeole est une vraie maladie qui se soigne », « la lèpre est une maladie reconnue comme telle par les médecins », ou « le cancer est une maladie biologique »... Les vraies maladies biologiques ne sont ni contestées, ni contestables ; leur nature de maladie est trop évidente pour qu'on perde son temps à en parler.

La manière lancinante dont les tenants du discours médicalisant martèlent « la dépression est une vraie maladie » suggère qu'elle n'en est pas une.

3/ Il faut aussi prendre en compte le bon sens et l'expérience émotionnelle de chacun.

La mienne, la vôtre.

Lorsque la corne de brume d'un paquebot s'attriste, que la croisière ne s'amuse plus, que la neige est tombée, que les agneaux appellent leurs mères sous le ciel presque vert, qu'en tournant une page on découvre le mot « fin », qu'au creux de la paume il ne reste plus que deux ou trois pistaches trop salées qui donnent soif de la mer, que la dernière goutte tombe, que le dernier baiser s'efface, que l'on ne peut plus se croire à la croisée des mille chemins, que les yeux se remplissent de larmes...

Est-il temps de se considérer comme souffrant d'une « maladie dépressive clinique, chronique et invalidante » ?

L'idée a quelque chose d'incongru, vous ne trouvez pas ?

Comme serait choquante l'irruption des forces de l'ordre dans le *Dies Irae* de Mozart (1756-1791). Le chef d'orchestre donne la parole au chœur, qui fait vibrer dans l'air une présence immatérielle et sublime, l'écho d'un rêve ou d'un souvenir, d'un pressentiment ou d'une révélation, et voici que la police débarque pour embarquer tous les contrevenants, c'est-à-dire tout l'orchestre : « Allez, ouste ! La soprano, le ténor, les trompettes et les bassons, au violon ! »

Mais non, je fais erreur, ce n'est pas la police, c'est la psychiatrie et ses infirmiers – ni plus doux, ni moins baraqués – qui les entraînent à l'hôpital pour les soigner de gré ou de force...

4/ Et les poètes qui, effleurant l'ineffable, frôlent du bout de leurs plumes des vérités inconfortables, sont-ils intuitifs, sensibles, et ouverts à une dimension non négligeable de l'existence, ou souffrent-ils d'une « maladie comparable au diabète » ?

> « La Mer de la Foi
> était haute jadis, et entourait le rivage de la terre
> comme les plis d'une ceinture étincelante ;
> Mais à présent je n'entends
> Que la longue, plaintive et grondeuse rumeur
> Qu'en se retirant elle exhale, au souffle
> du vent nocturne, dévalant les vastes et mornes franges
> et les galets nus du monde.
>
> Ah mon amour, soyons fidèles
> L'un à l'autre ! Car le monde, qui semble
> S'étendre devant nous comme un pays de rêve,
> si varié, si beau, si neuf,
> n'a en réalité ni amour, ni joie, ni lumière,
> ni paix, ni certitude, ni secours contre la peine.
> Et nous sommes ici sur une plaine obscure,
> Balayée par des clameurs confuses de luttes et de débâcles,
> où d'ignorantes armées se heurtent dans la nuit. »

Matthew Arnold (1822-1888), l'auteur de ces vers émouvants, mérite-t-il l'étiquette de « paranoïaque » ?

Et faut-il, avec le docteur italien Cesare Lombroso (1835-1909), considérer l'inspiration artistique comme un équivalent de l'épilepsie ?

Sans même parler de compassion, il me semble que nos émotions les plus profondes, les plus authentiques, méritent davantage de *respect*.

Une large part de l'existence humaine transcende, et de très haut, les catégories médicales ; lui plaquer des étiquettes de ce genre c'est commettre un contresens et même, permettez-moi d'aller jusqu'au bout de ma pensée, une espèce d'agression.

Certains lecteurs un peu trop cartésiens m'objecteront peut-être que je mélange tout : la dépression et la musique, la tristesse, l'art et la poésie. Mais tout est lié, justement. Quand les spécialistes prétendent séparer, ils tranchent dans le vif, à l'instar d'un savant fou qui prétendrait que la belle au bois dormant est morte pour avoir le plaisir sadique et pervers de la disséquer vivante.

Bla-bla médical

Où sont donc les preuves que la dépression est une « vraie maladie biologique » ? Vous avez pu le constater aussi bien que moi : il n'y en a pas. Pas le moindre virus. Pas la moindre preuve. Pas même le moindre indice ! Le discours sur la dépression-maladie n'est que du vent. Du bla-bla. Médical, certes, mais bla-bla quand même. Conclusion ? La thèse de la dépression-maladie est fausse. La dépression n'est *pas* une vraie maladie, ce n'est *pas* une maladie biologique, ce n'est *pas* une pathologie.

Cinéma ?

Mais alors, si la dépression n'est pas une maladie, qu'est-ce que c'est ?

Sautant d'un extrême à l'autre, certains olibrius s'imaginent que puisque la dépression n'est pas une maladie biologique ce n'est... rien. Un faux-semblant, une illusion. Du « cinéma ».

Croire que les seules souffrances dignes de ce nom sont celles qui ont une origine biologique, c'est faire preuve d'un matérialisme vraiment trop radical.

Vous n'avez probablement pas besoin qu'on vous le rappelle, mais d'autres lecteurs ont certainement besoin ou envie de l'entendre : *les maladies du corps ne sont pas les seuls problèmes réels, graves et sérieux.*

Il y a plus de mille ans, un proverbe latin soulignait déjà que les douleurs de l'âme pèsent plus que la souffrance du corps. Comment se fait-il que notre société ait perdu de vue ce que les Romains, qui n'étaient pourtant pas des modèles de finesse comme les Grecs, avaient parfaitement compris ?

Comment se fait-il que, de nos jours, on ait du mal à croire à l'existence de douleurs morales ?

Serions-nous devenus si brutes que nous ne savons plus que nous avons une âme ?

Nous prendrions-nous pour nos corps ?

Ce qui est sûr, en tout cas, c'est que la dépression n'est ni une maladie, ni du cinéma. Ce n'est ni un état pathologique ni de la comédie mais plutôt du malheur, une très grande tristesse, de l'angoisse, du désespoir, de la faiblesse...

Bref, un état d'âme.

Soulagement

Quand, en proie au désarroi et à la souffrance, un individu croit découvrir que la dépression est une « vraie maladie », il se sent quelque peu rassuré.

« Je suis vraiment malade : on ne pourra pas m'accuser de faire semblant, ni me bombarder de conseils débiles tels que *Secoue-toi !* ou *La vie est belle !* », se dit l'individu en question avec un certain soulagement.

Dans notre société obsédée par tout ce qui se voit, se mesure et fait l'objet d'études scientifiques (qu'elles soient concluantes ou non), souffrir d'un problème difficile à définir c'est s'exposer aux soupçons. Parce qu'elle semble plus respectable, la victime d'une « vraie maladie biologique » est plus respectée que celle qui souffre d'un problème diffus, mal-être sans contour net et précis.

Quand le problème est mal posé...

Mais ce soulagement a une coûteuse, une très coûteuse contrepartie.

Définir correctement les objets de nos pensées, autrement dit

16

trouver le mot juste, est plus qu'un souci de linguiste tatillon ; dans mainte situation, c'est une précaution essentielle, vitale.

Le très célèbre physicien Albert Einstein (1879-1955) a dit que tout problème insoluble est un problème mal posé. Ce n'est pas moins vrai dans l'autre sens. Un peu comme ces shampoings et après-shampoings « deux en un », le vrai nom d'un problème et sa solution forment un tout indissociable. Lorsqu'un problème est mal posé, autrement dit mal défini, il devient un casse-tête, une énigme : tout problème mal posé est par là même rendu insoluble.

Travestie en « trouble biologique », la dépression est aussi impossible à comprendre et solutionner que le serait un problème de toiture déguisé en problème psychologique.

Et c'est logique puisque, la dépression n'étant pas une maladie, les médecins n'ont pas le C.V. qu'il faut pour s'en occuper. La thérapie la plus efficace du monde ne peut changer la moindre tuile, et symétriquement, les médicaments les plus percutants ne peuvent rien contre un problème qui n'est pas médical, et ne l'a jamais été. Puisque la dépression n'est pas une maladie, les produits pharmaceutiques que les médecins prescrivent contre elle ne peuvent pas plus la soigner qu'une psychanalyse ne peut soulager une rage de dents.

Bien entendu, il y a des exceptions : un commercial chez Ricard peut chanter *a capella* sans que son activité professionnellement alcoolique n'ait aucun lien avec ce noble et mélodieux passe-temps et de même, certains médecins empathiques peuvent aider leurs patients à sortir de dépression sans que leur formation médicale ne les aide en quoi que ce soit à remplir cette mission délicate.

Des définitions aux décisions

Selon que vous considérez tel mustélidé comme *un cousin de Rémi, le charmant héros de « Ratatouille »* ou comme *un rat d'égout et de dégoût*, vous ne lui réserverez pas le même sort ; selon que nous voyons les enfants comme des *trésors* ou des *petits monstres*, des *nains*, nous aurons des relations plus ou moins cordiales avec eux ; et selon que nous définissons telle personne comme *un ami sincère* ou *un ennemi perfide*, nous ne lui ferons pas la même place dans notre cœur et notre vie. Les définitions de notre dictionnaire personnel sont la matière première de nos décisions ; définir est la première étape de choisir.

Du coup, une définition pertinente est suivie par des décisions pertinentes elles aussi, tandis qu'une erreur de définition a pour corollaire des décisions malavisées, choix regrettables que l'on finit bien souvent par regretter.

C'est précisément ce qui arrive aux personnes qui, dupes du cliché omniprésent dont nous avons parlé dans ce chapitre, croient sincèrement que leur dépression est « une vraie maladie biologique ».

Cette définition erronée les conduit à prendre une série de décisions imprudentes qui les entraînent dans une spirale infernale de soins et de contre-soins. Convaincues qu'il est de leur devoir de malade d'avaler tout ce qu'on leur dit d'avaler, persuadées que les spécialistes finiront par trouver le traitement qui les sauvera, elles gardent foi en la médecine malgré tous ses effets pas si secondaires et avancent d'un bon pas dans la mauvaise direction, avec toutes les conséquences que vous pouvez imaginer, ainsi que toutes celles que vous n'imaginez pas encore. Navrant destin, tellement moins fabuleux que celui d'Amélie Poulain...

À retenir
- Quoi qu'on en dise, la dépression n'est pas une maladie au sens littéral.
- La dépression n'est pas du cinéma ; c'est un état d'âme.

Conseil
► Ne vous laissez pas convaincre que votre dépression est une « vraie maladie » tant qu'on ne vous en a pas apporté la preuve médicale décisive et incontestable. En attendant cette preuve

(qui ne viendra pas), souvenez-vous de vivre.

Entre déprime et dépression...

Passons maintenant à une autre idée en vogue, cliché que vous connaissez sans doute : « La dépression n'a rien de commun avec la déprime. »

Variantes :

« Il ne faut pas confondre déprime et dépression. »

« Entre déprime et dépression, la différence est grande... »

« Entre les déprimes et la vraie dépression, il y a un gouffre. »

« Trop souvent, la personne dépressive confond déprime et dépression. »

« Alors que la déprime est une baisse de moral passagère, la dépression constitue une pathologie psychiatrique à part entière, chronique et récidivante. »

« Alors que la déprime est une réaction normale à certains événements de la vie et qu'elle a une durée limitée dans le temps, la dépression est une véritable maladie, qui nécessite des traitements appropriés. »

Je m'arrête là, mais dans les articles et les livres consacrés à la dépression, les exemples foisonnent.

Est-ce vrai ?

Y a-t-il vraiment un gouffre entre la dépression et la déprime ?

Attention à la marche !

Non.

Comme Philippe Pignarre, chargé de cours sur les psychotropes à l'université de Paris-VIII, l'a très justement souligné, l'opposition théorique entre déprime et dépression disparaît dans les faits : les « symptômes » de la dépression se confondent avec les « signes » de la déprime. Les dictionnaires les plus sérieux présentent d'ailleurs *déprime* et *dépression* comme des synonymes.

Il n'y a pas de différence *qualitative* entre la déprime et la dépression. La seule différence est *quantitative* : la déprime est sensée durer moins de deux semaines et la dépression, plus de deux semaines. La déprime de Gaston est donc une petite dépression, tandis que la dépression d'Aurore, une grosse déprime.

Mais au fait, pourquoi deux semaines et pas trois semaines ? Ou un mois ? Ou même six ?

Mystère.

La seule chose sûre, c'est que l'opposition entre déprime et dépression n'a aucune espèce de pertinence. Le « gouffre » qui sépare déprime et dépression n'est rien de plus qu'un hiatus. Le même genre d'écart qui, lors d'une visite touristique, fait dire au guide : « attention à la marche ! »

Bref, il n'y a pas des grenouilles dérisoires d'un côté et des bœufs imposants de l'autre. Déprime et dépression appartiennent à la même espèce de ruminant (dans la perspective « abysse ») ou de batracien (dans la perspective « baïne »).

Artifice rhétorique

Mais alors, comment se fait-il que la différence entre dépression et déprime paraisse si énorme ?

Parce qu'on nous la présente ainsi.

Nombre de journalistes et de docteurs, dont la plupart bossent pour l'industrie pharmaceutique, montent en épingle l'écart anecdotique qui sépare la dépression de la déprime en associant des termes angoissants à la dépression (*pathologie, lourd, grave, invalidant...*) et des termes rassurants à la déprime (*normal, banal, passager...*). Ils créent ainsi de toutes pièces un contraste entre les deux, mais c'est une opposition de mots, pas une opposition de faits. De la même manière, on pourrait opposer la *bagnole*, objet laid, banal et polluant, à l'*automobile*, moyen de transport moderne et efficace qui permet de se déplacer en toute liberté, ou encore la *mort*, arrêt définitif de toutes les fonctions biologiques, au *grand départ*, aller simple pour un autre monde.

Antithèses purement verbales.

Les effets du lieu commun

Lorsqu'on croit que « la dépression n'a rien à voir avec la déprime », on est rapidement amené à se poser l'angoissante question suivante :

« Ce dont je souffre, moi, est-ce une déprime normale ou une dépression pathologique ? Un coup de blues inoffensif, ou une pathologie psychiatrique à part entière, chronique et récidivante ? »

Question cruciale qui s'impose avec la même urgence que cette autre question, qu'on ne se pose pas à moins d'avoir de sérieux problèmes de vue : gros chat, ou petit tigre ? Car si c'est un gros chat on peut lui gratter la tête pour qu'il ronronne, alors que si c'est un petit tigre il faut décamper au plus vite !

Mais en réalité, comme vous l'avez compris, le tigre n'est qu'un gros chat miteux repeint en jaune et roux (peut-être par un dompteur de cirque dépité de se retrouver au chômage technique après le décès de son dernier fauve) et la question, un faux dilemme qui ne présente aucun intérêt réel.

Par contre, elle a des effets.

S'interroger pour savoir si l'on n'est pas atteint d'un trouble psychiatrique suscite inévitablement un certain malaise et même un malaise certain.

Plus Barnabé se demande s'il fait une dépression, « maladie

grave, chronique et récidivante », plus il est angoissé ; plus il est angoissé, plus il se sent déprimé ; plus il se sent déprimé, plus ses symptômes de dépression s'aggravent. Ses idées se rembrunissent de plus en plus, tandis que son mal-être se confirme. Du coup sa déprime, qui n'aurait duré autrement que quelques jours, dépasse la durée légale de deux semaines pour se changer en ce qu'il redoute.

Croire qu'il y a un gouffre entre la déprime et la dépression projette du pire côté, du côté dépression : s'imaginer que « la dépression n'a rien à voir avec la déprime » a le pouvoir de changer une déprime passagère en problème durable, un coup de blues anodin en chagrin persistant. Cette croyance est donc nocive (pour être précis, elle est *dépressogène*) autant que fausse.

Inversement, lorsqu'on n'est pas dupe du cliché qui oppose déprime et dépression, lorsqu'on a compris que la dépression est à la déprime ce qu'est le surendettement à la dette de consommation ou la grosse patate à la petite pomme de terre, on ne se fait pas de souci supplémentaire, on reste plus ou moins zen face à ses états d'âme, quels qu'ils soient.

À retenir

● *Déprime* est un synonyme rassurant de *dépression* ; *dépression*, un synonyme angoissant de *déprime*.

● On peut désigner la même réalité par des noms aux connotations différentes et même opposées ; une différence de mot n'est pas une différence de fait.

Conseils

▶ Déprime ou dépression ? L'essentiel : ne faites pas d'elle tout un fromage. Même un petit cabécou.

▶ Prenez vos états d'âme au sérieux. Pas au tragique. Faites mieux encore : dès que vous en êtes capable, prenez-les au comique.

▶ Ne broyez pas du noir sur des questions de sémantique. Si

vous dépensez toute votre énergie pour les mots, que vous restera-t-il pour les choses ?

Le prétendu
« déséquilibre chimique »

Ah, le célèbre, le fameux *déséquilibre chimique*... Ce serait lui le grand coupable, lui qui causerait la dépression :

« Des déséquilibres chimiques du cerveau contribuent à certains types de dépression. »

« De nombreuses substances fabriquées par le cerveau jouent un rôle important sur l'humeur... »

« La dépression semble causée par un déséquilibre de certaines substances chimiques au niveau du cerveau. »

« La maniaco-dépression est un déséquilibre chimique du cerveau indépendant de la volonté de la personne. »

« Si les taux de sérotonine et/ou de noradrénaline sont trop bas dans les synapses, le sujet aura tendance à être déprimé... »

« Les gens souffrant de dépression sont connus pour avoir des déséquilibres chimiques dans le cerveau au niveau de leurs neurotransmetteurs. »

« La dépression a de multiples causes, mais on s'est récemment rendu compte qu'elle découle toujours d'un déséquilibre chimique dans les régions du cerveau qui commandent l'humeur et les émotions. »

Nous allons voir ce qu'il y a de vrai, et de faux, dans ce troisième lieu commun.

Fragment de vérité

Tout d'abord, un constat : il est vrai qu'un grand nombre de substances circulant dans le corps, et particulièrement dans le cerveau, jouent un rôle dans la régulation de l'humeur.

Par exemple des taux bas de sérotonine, de bêta-endorphine et de glucose induisent ou du moins favorisent fatigue, découragement, crises de larmes, confusion, incapacité à se concentrer, sentiment d'isolement, frustration, désespoir, colère, et même pensées suicidaires. Bien d'autres substances sont en rapport plus ou moins direct avec l'état d'esprit, probablement plus que les scientifiques n'en ont aujourd'hui conscience. Le cliché du déséquilibre chimique repose donc en partie sur des faits réels.

Le problème, c'est toutes les informations qu'on passe sous silence aux alentours de ce petit fragment de vérité.

Ce qu'on ne vous dit pas

Par exemple on oublie vous de dire que ça marche dans les deux sens : certes, un taux bas de ceci ou de cela favorise ou peut-être même induit certaines émotions désagréables, mais réciproquement, les émotions pénibles ont pour conséquence immédiate et directe des taux bas de ceci ou de cela.

Vous voulez un exemple ?

Supposons que Félicie découvre, en fouillant dans le téléphone portable de son fiancé, que celui-ci la trompe avec sa meilleure amie. Immédiatement, ses hormones du stress grimpent en flèche : la découverte de cette trahison se répercute sur la chimie de son organisme, et plus particulièrement sur celle de son cerveau.

Les mauvaises nouvelles, le chômage, les décès, l'angoisse, le désespoir, les idées noires, etc., induisent des taux bas de sérotonine, de bêta-endorphine et de glucose.

Pour le dire autrement, il est tout aussi justifié de dire qu'un « déséquilibre chimique cause la dépression » que de dire que « la dépression cause un déséquilibre chimique » : les deux sont aussi vrais l'un que l'autre.

Et aussi faux.

En effet le terme de déséquilibre est particulièrement mal choisi. Les variations chimiques du cerveau n'ont rien de bizarre ni de pathologique : ce sont des réponses tout à fait normales à la diversité des situations que le cerveau doit traiter. En d'autres termes, ce qui serait anormal, c'est que Félicie découvre la trahison de son fiancé sans tressaillir, sans émotion, sans que son taux de sérotonine ou de glucose ne batte un cil.

Remplaçons donc « déséquilibre » par « variation », ce sera plus juste. Ce qui nous donne : des variations chimiques sont à l'origine de la dépression, et réciproquement la dépression est à l'origine de variations chimiques.

Mais pourquoi s'arrêter là ?

Il faut aussi souligner que des variations chimiques peuvent être à l'origine du bonheur, et réciproquement que le bonheur est à l'origine de variations chimiques. En effet les bonnes nouvelles, les succès, les retrouvailles, l'amour partagé, l'espoir, la gratitude, l'optimisme, l'amusement, la joie, les cadeaux inattendus, etc., induisent des taux élevés de sérotonine, de bêta-endorphine, et d'autres substances dont je vous avoue franchement que j'ignore le nom.

Je pense que maintenant, vous comprenez mieux comment la chimie intervient dans nos émotions. Mais cela ne nous permet pas encore de classer le fameux « déséquilibre » (qui n'en est pas un, vous l'avez compris) parmi les vieilleries sans intérêt des vide-greniers, ou parmi les produits toxiques à mettre hors de portée des enfants.

Pour aller plus loin, pour éplucher l'oignon jusqu'au bout, examinons tout ce que ce cliché suggère sans le dire : sa part d'implicite et de non-dit.

Remonter aux causes premières

Lorsque nous entendons pour la première fois, et sans

27

disposer d'autre information, que « la dépression semble causée par un déséquilibre de certaines substances chimiques au niveau du cerveau », que supposons-nous ?

Que ce déséquilibre est la cause principale de la dépression.

Avant d'aller plus loin, parlons un peu des causes, en général. Les causes se présentent souvent en séries. Par exemple A est la cause de B, qui est à son tour la cause de C :

$$A \rightarrow B \rightarrow C$$

Dans un cas tel que celui-ci, l'enchaînement causal commence avec A, qui est l'origine première de C. Prenons tout de suite un exemple. Un incendie se déclenche dans l'appartement de Paul, qui pour échapper aux flammes saute par la fenêtre et se casse une jambe :

Un incendie s'est déclaré → Paul a sauté → il s'est cassé une jambe

Maintenant, que penserions-nous si Jacques nous expliquait, sans mentionner l'incendie, que Paul est hospitalisé parce qu'il a sauté du deuxième étage ?

Un incendie s'est déclaré → **Paul a sauté → il s'est cassé une jambe**

Nous imaginerions que Paul a voulu attenter à ses jours alors que c'est exactement l'inverse : il a cherché à sauver sa vie. Jacques, qui n'a pas prononcé un mensonge au sens strict du terme, ne nous en a pas moins induits en erreur. Dans un cas de ce genre, dire que B est la cause de C sans parler de A est littéralement vrai, mais très incomplet et à ce titre, trompeur.

Ceux qui mettent le prétendu « déséquilibre chimique » en avant comme l'une des causes de la dépression font, comme Jacques, impasse sur l'essentiel, en l'occurrence sur la ou les causes de ces variations :

Les variations chimiques sont l'une des causes *immédiates* ou causes *B* de la bonne ou mauvaise humeur, mais ce qu'il importe de connaître, ce sont les causes *premières*, les causes *ultimes,* les causes *A*.

Quelles sont-elles ?

C'est ce que nous verrons dans la partie dévolue aux causes de la dépression. Pour l'instant, je vous demande juste de retenir que le leitmotiv du « déséquilibre chimique » agit comme un leurre. Il focalise notre attention sur une cause intermédiaire sans importance, alors que l'essentiel se situe plus haut, en amont.

Passe ton DEUG d'abord !

Lorsque nous entendons que « la dépression semble causée par un déséquilibre de certaines substances chimiques au niveau du cerveau », il y a encore autre chose que nous pensons spontanément.

Nous pensons que si la dépression est causée par un problème chimique, il faut être un spécialiste pour y démêler quelque chose.

Monsieur Tout-le-Monde n'est pas compétent. Même si c'est lui qui est déprimé. Pas plus compétent que s'il s'agissait de panneaux solaires. Ce sont ses panneaux solaires mais il faut un spécialiste des panneaux solaires : si Monsieur Tout-le-Monde essaie de les réparer lui-même, il va les abîmer. La dépression est un problème chimique ; inutile de chercher à comprendre si vous n'avez pas un DEUG de chimie en poche.

Croyance qui nous prive de notre pouvoir.

Comment agir sur sa sérotonine

Autre idée portée par le cliché : puisque c'est la chimie qui commande, nous n'avons aucun pouvoir sur la dépression. Le « déséquilibre chimique » qui est à l'origine de la dépression serait « indépendant de la volonté de la personne ».

Est-ce vrai ?

Loin delà.

En réalité nous avons bel et bien la capacité d'agir sur les taux de sérotonine, de bêta-endorphine, etc., de notre cerveau. Il suffit de fermer les yeux et de se concentrer sur un souvenir agréable.

Faites-le : souvenez-vous d'un moment où vous vous sentiez détendu, calme, serein, heureux. Caressé et bercé par des pensées paisibles, des émotions vagues mais délicieuses, vous vous sentiez en phase avec l'écoulement des minutes et des heures, qui étincelait doucement comme le soleil sur la mer.

Ça y est ?

Et voilà : vous venez d'agir – dans le bon sens – sur les taux de sérotonine, bêta-endorphine, etc., de votre cerveau. Vous voyez que ce n'est pas sorcier...

Conclusion : pour n'être pas absolument faux, le cliché du déséquilibre chimique n'est pas moins abominablement trompeur.

À retenir

● Il est vrai que les substances qui circulent dans notre cerveau agissent sur notre humeur, mais l'inverse n'est pas moins vrai : notre humeur agit sur les substances qui circulent dans notre cerveau.

● Au lieu de parler de « déséquilibre chimique », il serait plus juste de parler de « variations chimiques normales ».

● L'essentiel n'est pas à chercher dans les variations chimiques du cerveau, mais dans ce qui cause ces variations.

● Le lieu commun du « déséquilibre chimique » occulte les véritables causes de la dépression en focalisation l'attention sur ce qui n'est qu'une cause intermédiaire et à ce titre, négligeable.

Conseils

▶ Si un docteur ou un psychiatre vous explique que votre

mal-être est dû à un déséquilibre chimique, répondez-lui :
« Quel examen dois-je faire pour en être sûr ? » S'il est de
bonne foi, il reconnaîtra qu'il n'y a aucun examen pour
évaluer, vous vivant, l'état chimique de votre cerveau.

▶ Si ledit docteur insiste, demandez-lui : « D'accord, mon
mal-être est dû à un déséquilibre chimique ; dites-moi donc à
quoi est dû ce déséquilibre chimique, que je prenne le
problème à la racine ? » S'il reste muet et embarrassé, ou s'il
évoque une vague « prédisposition génétique » (autre cliché
dont nous allons parler dans le chapitre suivant), vous saurez
qu'il n'est pas compétent – ou qu'il cherche à vous embrouiller.

Le mythe de la fatalité génétique

L'hérédité n'est pas un obstacle ;
la route de la grandeur n'est pas barrée.
Peu importe ce qu'ont été vos parents, vos ancêtres :
le chemin qui monte vous est ouvert.
Wallace D. Wattles

La génétique, un facteur sur lequel nous n'avons paraît-il aucun pouvoir, serait-il à l'origine de la dépression ?

Si cet horrible soupçon vous a déjà effleuré, ce n'est pas par hasard : l'idée circule un peu partout. Elle vous est probablement déjà tombée sous les yeux. On trouve ce quatrième cliché tantôt sous une forme catégorique, tantôt assaisonnée de prudents *peut-être* et de conditionnels :

« La déprime est dans le gène ! »

« La dépression est un trait en partie génétique. »

« Un gène défectueux rendrait plus vulnérable à la dépression. »

« Des gènes de prédisposition à la dépression ont été identifiés chez l'homme. »

« Il n'existe pas un gène de la dépression, mais le terrain génétique a une influence. »

« Certaines dépressions semblent liées à des perturbations génétiques encore inconnues. »

« La cause exacte de la dépression est encore inconnue, mais on suppose que des facteurs génétiques y contribuent. »

« La dépression est causée par l'interaction entre des facteurs environnementaux comme le stress et une prédisposition génétique. »

« Dans les troubles maniaco-dépressifs, la part génétique semble indiscutable, car le sujet s'installe dans la dépression sans cause apparente… »

« Il existe une prédisposition héréditaire à la psychose maniaco-dépressive mais le mode de transmission génétique demeure encore controversé. »

« Depuis une soixantaine d'années, plusieurs études montrent que certaines personnes présentent une vulnérabilité génétique à la dépression… »

Si, après avoir lu ces lignes, vous n'êtes pas inquiet, je vous félicite pour votre moral d'acier.

La dépression a-t-elle réellement une dimension génétique, ou s'agit-il, encore une fois, d'un mythe passé à l'état d'évidence à force d'être répété, seriné, ressassé et martelé ?

Théories saugrenues

Depuis toujours, l'hérédité inspire des théories saugrenues n'ayant de scientifique que le titre et la façade.

Au dix-neuvième siècle, en Italie, le docteur Lombroso (dont vous connaissez déjà l'une des théories biscornues) affirmait que l'on naît criminel comme on naît avec de grands pieds et des oreilles décollées. Il croyait aussi que les prostituées étaient destinées à cet ersatz de métier par leur hérédité. Ce qui semblait confirmer sa théorie, c'était la proportion anormalement élevée de rousses parmi elles. Mais un détail, qui avait échappé à sa vigilance, flanquait sa théorie par terre : les dames de petite vertu se teignaient les cheveux en rouge flamboyant parce que c'était la mode.

À la même époque, en France, on prétendait que l'hérédité

condamnait les classes populaires à l'alcoolisme, l'ignorance et la violence. Même d'éminents intellectuels adhéraient à ces théories stupides ; ainsi le célèbre romancier naturaliste Émile Zola (1840-1902) croyait à la « fatalité héréditaire » et à la « soif héréditaire de meurtre ».

Des explications par l'hérédité ont aussi été avancées pour le nomadisme, l'homosexualité, la pauvreté, etc. Elle est longue, la liste des comportements déviants, ou considérés comme tels, qu'on a voulu expliquer par des tendances héréditaires innées ! Et, bien sûr, quelques années plus tard c'est aussi par l'hérédité que les scientifiques nazis cherchèrent à expliquer la supériorité autoproclamée de « la race aryenne »...

La thèse de « la prédisposition génétique à la dépression » s'inscrit dans la lignée de ces théories qui, à distance, paraissent vaguement grotesques. Qui sait si, dans trente ans, cette théorie ne paraîtra pas aussi délirante que celle de la prostitution héréditaire ou de la suprématie aryenne ?

Les arguments pour

Mais il ne suffit pas de constater que la thèse de la dépression génétique est passablement ridicule pour la jeter à la poubelle. Après tout, elle pourrait être vraie quand même. Voyons donc les arguments avancés par ceux qui la soutiennent.

1/ Le premier argument en faveur de la dépression génétique, c'est l'argument d'autorité : les experts (qui ne se trompent jamais, puisque ce sont des experts) y croient, donc la prédisposition génétique à la dépression est une réalité. Inutile de nous attarder sur cet argument, on sait déjà ce qu'il vaut, c'est-à-dire rien.

2/ Deuxième argument : les personnes dont les parents proches souffrent ou ont souffert d'une dépression sont plus susceptibles d'en vivre une. Autrement dit Gustave, dont la mère a fait la boule de flipper d'un psychiatre à l'autre pendant des années, et qui s'est finalement suicidée, a plus de probabilité d'être triste et découragé que Grégoire, dont les parents forment depuis toujours un couple resplendissant d'amour et de bonne humeur.

C'est vrai mais est-ce réellement, comme le prétendent les partisans de la prédisposition génétique à la dépression, un argument en faveur de leur thèse ?

Car pourquoi se compliquer la vie en courant après des causes génétiques insaisissables, alors que l'explication la plus simple et la plus naturelle est là, tout près, sous la main ?

Le malheur et le bonheur sont contagieux. S'associer à triste compagnie chagrine et attriste, tandis que partager son quotidien avec de gais compagnons réjouit l'âme et ensoleille le cœur.

De plus, le mimétisme inné du jeune âge fait de chaque bambin un élève surdoué assimilant sans discrimination tous les comportements de son entourage immédiat. Un enfant élevé par des parents déprimés s'imprègne de voix, de visages, de postures, de gestes, etc., qui trahissent angoisse, tristesse et découragement. Qu'y a-t-il d'étonnant à ce que cet apprentissage précoce ait des conséquences ? De la même manière, un gamin éduqué dans une ferme apprend à traire les chèvres, tandis qu'un autre élevé au bord de la mer apprend à nager et à ramasser des coquillages.

Alors, pourquoi expliquer par les gènes ce qui est déjà amplement et suffisamment expliqué par la contagion du milieu familial, ainsi que par le conditionnement que ce milieu induit par la force des choses, je vous le demande ?

Vous n'avez pas de réponse ?

Moi non plus.

3/ Troisième argument : dans la mesure où la cause exacte de la dépression est encore inconnue, disent les tenants de la prédisposition génétique, il n'est pas interdit de penser que des facteurs génétiques y contribuent. Certes, on n'a pas encore trouvé le gène, ni la combinaison de gènes, mais puisqu'on cherche, on va bien finir par trouver...

C'est le même pseudo-argument que pour la dépression « vraie maladie » et le « déséquilibre chimique ». Mais il n'y a pas plus de raison de croire que l'absence de cause apparente cache automatiquement une cause génétique que de croire que tout anonyme s'appelle Lothaire ou que tout OVNI est un vaisseau extraterrestre en provenance de Vénus. Ce n'est pas parce qu'on n'a pas encore trouvé de crocodiles dans la Seine qu'on en trouvera un jour.

Il en va de la prédisposition génétique à la dépression comme du déséquilibre chimique : la seule preuve que les chercheurs ont trouvé de son existence, c'est qu'ils la cherchent encore.

La route n'est pas barrée

Dans l'intérêt supérieur de la Vérité comme dans celui de l'Humanité souffrante, il est temps de dissiper le mirage de la « prédisposition génétique à la dépression ». Il est temps surtout que vous vous défassiez de cette illusion, qui ne nous aide pas plus à nager avec aisance dans le fleuve pas toujours tranquille de la vie qu'une robe de mariée et des Doc Marteens – tenue peu hydrodynamique s'il en fut...

Le malheur n'est pas génétique.

Nos gènes ne limitent pas notre capacité à réussir et à jouir de la réalité. Nous pouvons être mille fois plus heureux que nos parents, que nos ancêtres. Certes, la dépression est parfois héritée, mais au même titre que le métier de plombier ou qu'une recette de tourte aux petits pois transmise de mère en fille depuis quatre générations.

Il ne faut jamais oublier qu'à la différence de l'héritage génétique, qui ne peut être modifié, l'héritage culturel est transformable, modulable, révocable. Si un plombier peut changer de métier et une ménagère de répertoire culinaire, si un Suédois peut apprendre l'italien et devenir aussi chaleureux et expansif que s'il était né à Capri, qu'est-ce qui empêche un malheureux de se transformer aussi radicalement que le fait une chenille dans l'obscurité mystérieuse de sa chrysalide ?

Le penseur et métaphysicien Wallace D. Wattles (1860-1911) l'a fort bien dit :

« L'hérédité n'est pas un obstacle ; la route de la grandeur n'est pas barrée. Peu importe ce qu'ont été vos parents, vos ancêtres : le chemin qui monte vous est ouvert. Personne n'hérite d'une disposition mentale fixe ; aucun être humain ne naît incapable de progrès. »

Nous pouvons tout changer :

« Un trait de personnalité hérité est une manière habituelle de penser de votre père ou de votre mère qui s'est imprimée dans votre subconscient ; vous pouvez remplacer cette empreinte par une autre en adoptant une manière de penser opposée. Vous pouvez remplacer une tendance à la tristesse par une tendance à la gaieté ; vous pouvez triompher de la lâcheté ou de l'irascibilité. »

Nous sommes libres de modeler un nouveau visage à notre tournure d'esprit, seconde nature tissée par nos habitudes. L'être humain est, ou plutôt peut être, en constante progression. Pour cela, il suffit qu'il le veuille et qu'il se donne les moyens de faire ou refaire son éducation sur de nouveaux principes.

Et le plus beau, c'est que ça reste possible à n'importe quel âge. Nous ne perdons jamais notre capacité d'apprentissage, qui est au cœur de notre nature éminemment perfectible.

Changez ce qui doit l'être

Le caractère non génétique de la dépression est confirmé par de nombreuses anecdotes. Beaucoup de déprimés dont la dépression semblait à première vue héréditaire s'en sont sortis en se (ré)éduquant eux-mêmes.

Prenons seulement l'exemple d'A.B. Curtiss, une thérapeute américaine.

A.B. Curtiss vient d'une famille de bipolaires (on appelle *trouble bipolaire* une alternance de bas abyssaux et de hauts vertigineux). Son père et son frère étaient ou sont bipolaires ; elle-même a souffert d'un trouble bipolaire pendant des dizaines d'années. Or, maintenant, elle est équilibrée, bien dans sa peau, émotionnellement stable. Sa bipolarité n'est plus qu'un mauvais souvenir.

Que s'est-il donc passé ?

Dans la perspective officielle, il faudrait imaginer qu'elle s'est portée volontaire comme cobaye pour une toute nouvelle thérapie génique.

Rien de tel.

Elle a, dit-elle, pris conscience que la dépression est un choix – et elle en fait un autre. C'est ce qu'elle explique dans son livre *Depression is a choice*. Son état maniaco-dépressif était le résultat de certaines mauvaises habitudes mentales et comportementales, et donc... elle en a changé.

Quel bon sens.

Pour obtenir ce qu'il désire, le sage fait ce qui doit être fait et change ce qui doit être changé. Quant à l'ignorant et au fou, lorsqu'ils arrivent au fond du trou ils se mettent à creuser avec frénésie, tout en rabâchant avec fanatisme le sinistre refrain qui leur sert de mantra : « C'est de famille ! »

Une découverte renversante

Jusqu'ici, j'ai opposé inné et acquis, génétique et éducation. Mais récemment, des découvertes scientifiques étonnantes sont venues remettre en cause cette opposition traditionnelle.

En effet, on s'est aperçu que nos gènes sont activés ou désactivés par nos apprentissages. Autrement dit, nous sommes génétiquement (mot qui a ici le même sens que *virtuellement*) tout un tas de choses que nous ne deviendrons effectivement que si nous faisons ce qu'il faut pour cela.

Nos gènes ne sont pas une prison mais plutôt un vaste territoire, où nous pouvons nous installer à peu près où nous voulons.

Parler de « prédisposition génétique à la dépression » ou inversement de « prédisposition génétique au bonheur » n'a donc pas plus de sens que de parler de « prédisposition génétique à la flûte de Pan ». Même quelqu'un qui n'est, a priori, pas très doué pour cet instrument velouté peut faire des merveilles et devenir un virtuose, s'il s'entraîne avec persévérance et ténacité. Il en va de même pour la tristesse et la joie, la mélancolie et la bonne humeur : qui s'y entraîne inlassablement finit par y exceller un jour ou l'autre. Ce qui est déterminant c'est l'apprentissage, l'entraînement.

Le tout est donc de s'entraîner consciemment à pratiquer les habitudes et attitudes bénéfiques que l'on désire acquérir, plutôt que de s'entraîner inconsciemment à pratiquer celles qui nous pénalisent.

« La Science, au secours !... »

Examinons maintenant les effets du cliché sur ceux qui y croient.

Ceux qui se laissent persuader que la dépression de leur oncle Lucien ou de leur grand-mère Adélaïde les condamne ressassent l'idée déprimante que « C'est de famille » jusqu'à ce que la dépression les terrasse.

Même si la dépression en question est une lutteuse maigrichonne, une catcheuse rachitique, c'est elle qui gagne le match : ils sont tellement persuadés que tous leurs efforts pour lui faire lâcher prise seraient inutiles qu'ils ne se débattent même pas.

« Jamais elle ne me lâchera, se désolent-ils. Je suis condamné par mes gènes... Malheureux d'origine... Dépressif né... Perdant congénital. Quand les chercheurs mettront-ils au point la thérapie génique qui me sauvera ? Quand sauront-ils réparer les brins abîmés de mon ADN ? La Science, au secours !...»

Paralysés, *génétifiés*, les croyants à la « prédisposition génétique à la dépression » se laissent submerger par le découragement et le fatalisme ; leur monologue intérieur les plonge dans les abysses.

À retenir
• La prédisposition génétique à la dépression n'est qu'un mythe.
• Qu'il tire parti de cette possibilité ou fasse

comme si elle n'existait pas, tout être humain est capable de progrès.

● On peut toujours sortir de dépression, même lorsque celle-ci est « héréditaire ». Tendance à la tristesse, à la colère, à l'angoisse... nous pouvons supprimer les traits de caractère que nous avons hérités de nos parents.

● Croire à la dimension génétique de la dépression, c'est se jeter un mauvais sort à soi-même et s'avouer vaincu face à la sienne.

Conseil

▶ Faites la liste des membres de votre famille proche ou éloignée qui sont bien dans leur peau, et pensez à haute voix : « Le bonheur, chez nous, c'est héréditaire ! »

Lectures recommandées

☐ *La science de la Grandeur* de **Wallace D. Wattles**. Un livre qui est à la hauteur de ce que promet son titre.

☐ *Biologie des croyances* de **Bruce H-Lipton**. Pour découvrir la vérité sur l'ADN et sortir du mythe oppressant du « tout génétique ».

☐ *Depression is a choice*, **de A.B. Curtiss**. Une lecture un peu difficile (ne vous y lancez que si vous avez toute confiance dans votre anglais), mais passionnante et fortifiante.

Comme par hasard...

La dépression fait-elle *paf !* au pif, comme la peste ou de la grêle, problèmes venus d'ailleurs qui tombent brutalement sur n'importe qui (du moins, c'est l'impression qu'on a) ?

Bref, frappe-t-elle au hasard ?

Vous avez déjà peut-être trébuché sur cette idée sournoise, qu'on retrouve par-ci par-là :

« Ça ne prévient pas, ça arrive… »

« Ce trouble imprévisible peut frapper n'importe qui. »

« Cela peut survenir chez n'importe qui, n'importe quand… »

« La dépression peut s'abattre sur n'importe lequel d'entre nous. »

« La dépression frappe au hasard : elle touche les hommes, les femmes, les jeunes, les vieux… bref, n'importe qui. »

« Pas besoin de vivre un événement triste ou un traumatisme déclencheur, la dépression peut frapper au hasard… »

D'après ce cinquième cliché, un individu peut se relaxer délicieusement avec un verre d'orangeade dans son transat favori par une belle après-midi estivale, quand soudain la dépression surgit de nulle part et l'agresse sauvagement. Elle poignarde sa joie de vivre et repart avec autant de mystère qu'elle est venue, le laissant agoniser dans d'horribles souffrances mentales pendant des années...

Ce scénario de film d'horreur est-il un minimum crédible ?

Au nom de la chance

De nombreux médecins, thérapeutes et psychologues considèrent la dépression comme le résultat de certaines circonstances, attitudes et choix, ce qui présuppose qu'elle ne survient *pas* chez n'importe qui, n'importe quand. Pour ne citer qu'un spécialiste parmi des milliers d'autres, le docteur Pierre Solignac affirme avec force que la dépression ne frappe pas au hasard.

Mais au fond, on n'a pas besoin de se référer à qui que ce soit pour réfuter cette idée, car il n'y a pas le moindre argument en faveur de cette théorie hétéroclite. Vous savez déjà qu'aucun lapin ne sort par magie d'un chapeau vide. Nous vivons dans un univers régi par la loi de causalité : rien n'arrive jamais sans raison, les dépressions pas plus les potirons.

Le fait que nous ne comprenions pas tel ou tel phénomène ne signifie pas qu'il est absurde ou aléatoire, il signifie plutôt que nous avons encore beaucoup à apprendre.

Ce qu'on appelle « le hasard » n'est jamais que le nom que l'on donne à un faisceau de causes et de circonstances non identifiées. « Partout où le hasard semble jouer à la surface, souligne le philosophe allemand Friedrich Engels (1820-1895), il est toujours sous l'empire de lois internes cachées, et il ne s'agit que de les découvrir. »

La dépression n'est donc pas une espèce de loterie où pour perdre, il suffirait de tirer le mauvais numéro, celui du lot de désolation.

D'ailleurs même une loterie n'est pas aussi aléatoire qu'elle en a l'air, puisqu'elle a été organisée par des êtres pensants d'une manière intelligente et précise, que des facteurs physiques bien déterminés président à la sélection de tel ou tel numéro, et que 100 % des gagnants et des perdants (les seconds étant nettement plus nombreux que les premiers) y ont participé.

Dans les jeux de hasard, il n'y a pas vraiment de hasard et la Française des jeux le sait bien, qui plume des millions de pigeons au nom de la chance. Et qui sait si ceux qui veulent nous faire croire que la dépression frappe au hasard n'ont pas eux aussi des arrières-pensées pécuniaires ?

En attendant la foudre

La dépression frappe au hasard... Les individus déprimés qui se laissent embobiner par ce cliché se sentent victimes d'une fatalité absurde : persécution sans cause, mal mystérieux et aléatoire.

Alors pourquoi s'ingénieraient-ils à lui chercher un sens que, croient-ils, elle n'a pas ?

Puisque la dépression frappe au hasard, inutile de cogiter sur elle. Les neurones en éventail au bord d'une piscine de vide mental, ils se laissent bercés par une croyance sédative selon laquelle il n'y a rien à comprendre.

Mais ce confort n'est pas si confortable que ça, car devant cette malédiction incompréhensible ils se sentent aussi et surtout impuissants. Et non seulement ils se *sentent* impuissants, mais ils *le sont*.

En effet, qui croit que la dépression frappe au hasard, ne cherche pas les causes de la sienne, et qui ne les cherche pas ne les trouve pas. Ce qui fait qu'au lieu de découvrir le sens caché de leur souffrance et d'apprendre à s'en préserver, les victimes du cliché restent debout sous l'orage en attendant la foudre.

Lorsqu'on imagine que la dépression est un phénomène aléatoire, on n'a aucun moyen de se protéger contre elle, aucun moyen de s'y soustraire : croire que la dépression frappe au hasard conduit à la subir bêtement.

Un vocabulaire tendancieux

Si vous relisez attentivement les différents échantillons du cliché cités au début de ce chapitre, vous découvrirez qu'ils puisent tous dans les mêmes mots et les mêmes images : la dépression *s'abat, frappe*, elle est *imprévisible*, elle ne *prévient pas*, elle *arrive...*

Mais la dépression n'est assimilable ni à Freddy (des *Griffes du cauchemar*), ni à un météorite chu inopinément sur la tête de dinosaures insouciants. S'il faut comparer la dépression à quelqu'un, c'est plutôt à un représentant de France-Loisir qui sonne à votre porte : vous n'êtes pas obligé de lui ouvrir. Et s'il faut comparer la dépression à quelque chose, c'est à un trou. Un trou que la personne déprimée a creusé elle-même par ses mauvaises habitudes.

Alors je vous en prie, ne vous laissez pas duper par un vocabulaire tendancieux et des métaphores insidieuses. Non seulement la dépression ne tombe sur la tête de personne mais c'est le contraire : on tombe dedans. On tombe dedans, ou plutôt on s'y enfonce et s'y enlise, à force de piocher en rond dans les mêmes choix et les mêmes pensées néfastes.

Pour découvrir un cliché encore plus dévastateur que tous ceux que nous avons décortiqués jusque-là, tournez la page.

À retenir

● Ce qu'on appelle « le hasard » n'est que le nom que nous donnons à des lois et principes dont nous ignorons l'existence ou les effets.

● L'apparition d'une dépression n'est pas plus aléatoire que celle d'un potiron.

Conseils

▶ Partez du principe que ce qui vous arrive, et ce que vous ressentez, ne saurait être le fruit du hasard, qui ne présente aucun point commun avec un arbre fruitier. Cherchez des causes, examinez votre vie, faites chauffer vos neurones, creusez-vous la tête.

▶ Si un spécialiste essaie de vous convaincre que la dépression vous est tombée dessus uniquement parce que vous aviez la malchance d'être sur la trajectoire de sa chute, demandez-vous s'il n'essaie pas de vous vendre quelque chose.

Que peut
la volonté humaine ?

La Volonté humaine, cette force invisible,
fille d'une Âme immortelle,
peut s'ouvrir un chemin vers n'importe quel but,
même à travers des murs de granit.
James Allen

Il paraît que la volonté ne peut rien contre la dépression :

« Pour faire face à la dépression, la volonté ne suffit pas. »

« La dépression est une maladie qui n'a rien à voir avec la volonté. »

« La dépression n'est pas un état provoqué par un manque de volonté... »

« Il est imprudent de faire directement appel à la volonté chez un dépressif... »

« La dépression n'est pas une faiblesse, ni une tare, ni une faillite de la volonté. »

« Dans la mesure où la dépression est une maladie, ce n'est pas un manque de volonté. »

« Votre volonté, aussi grande soit-elle, ne peut vous permettre de surmonter votre douleur morale. »

« La dépression n'est ni un simple passage à vide, ni un manque de volonté, mais une maladie qui se soigne. »

« Le problème de la dépression ne concerne pas la volonté, mais des couches plus profondes du cerveau. »

« La maniaco-dépression est un déséquilibre chimique du cerveau indépendant de la volonté de la personne. »

« Les dépressifs ne peuvent pas agir sur leur maladie. Il est donc inutile de faire appel à leur volonté pour s'en sortir. »

« Une dépression peut guérir spontanément si les circonstances qui l'ont déclenchée se corrigent mais sa guérison n'est jamais liée à la volonté. »

En résumé, la volonté n'a rien à voir ni avec le début, ni avec le milieu, ni avec la fin de la dépression ; on y entre sans que la volonté intervienne d'une façon ou d'une autre, on en sort sans que la volonté s'en mêle.

Voyons ce que vaut ce sixième cliché.

Les arguments pour

Mais d'abord, sur quels arguments s'appuie-t-il ? Comment prouve-t-on, ou du moins comment essaye-t-on de prouver, que la dépression n'a rien à voir avec la volonté ?

Voici les trois principaux arguments avancés en faveur de l'inutilité de la volonté :

1/ La volonté ne peut modifier, seule, le fonctionnement d'un organe aussi complexe que le cerveau ;

2/ Les personnes dépressives souffrent d'une incapacité à vouloir (sorte d'endormissement de la volonté) qui rend inutile tout appel à leur volonté ;

3/ Personne ne choisit de tomber en dépression, pas plus que de se casser la jambe.

À ces trois arguments, on peut en ajouter deux autres :

4/ Il est de notoriété publique que les conseils du genre « bouge-toi ! » n'aident pas ceux qui souffrent. Quand on est au fin fond de la dépression, les « Reprends-toi ! » et les « Sois fort ! » de ceux qui n'y connaissent rien n'ont aucun effet bénéfique ; tout ce qu'ils suscitent, c'est des grincements de dents.

Le fait que ces appels à la volonté aient si peu de succès semble indiquer que le déprimé ne peut plus faire usage de la sienne.

5/ Cinquième et dernier argument : la dépression se caractérise bien souvent par une incertitude pénible. (À moins que l'incertitude ne soit une cause de dépression... cette éventualité n'est pas à exclure.) Au trente-sixième sous-sol, on hésite pour tout. Pour choisir sa place de parking, car au fond, on est persuadé de n'avoir de place nulle part, mais aussi pour choisir sa tenue vestimentaire, son emploi du temps, ou même son goûter : pomme verte et acidulée, ou moelleux au chocolat noir ? La moindre décision à prendre se change en dilemme cornélien, comme s'il fallait choisir entre se faire amputer la jambe gauche ou le bras droit.

Cette difficulté à choisir n'est-elle pas le symptôme incontestable d'une volonté défaillante, voire inopérante ?

Le pour, de plus près

Tous ces arguments en faveur de « la dépression n'a rien à voir avec la volonté » sont fragiles ou réversibles. Réexaminons-les d'un œil moins complaisant.

1/ On prétend que la volonté a du mal à modifier, seule, le fonctionnement d'un organe aussi complexe que le cerveau. Pourtant, n'importe quelle ville témoigne des effets considérables que la volonté peut avoir sur le monde extérieur : ces fermes, ces routes, ces jardins, ces rues… sont le fruit de la volonté. Ce n'est pas le hasard qui a édifié, façonné, agrandi Versailles ou New York ; c'est la volonté.

Si la volonté est impuissante à agir sur ce qui est le plus proche, comment peut-elle transformer ce qui est le plus lointain ? Si notre volonté ne peut rien sur notre cerveau, comment peut-elle bâtir les pyramides, creuser le canal de Suez, envoyer des hommes dans l'espace ?

Étrange contradiction.

L'idée que la volonté ne peut modifier le fonctionnement du cerveau est bizarre. Pour la réfuter, il suffit de se souvenir que les bébés ne savent ni lire, ni écrire, ni compter, tandis que quelques années plus tard, ils maîtrisent ces compétences à la perfection : comment seraient-ils passés du premier état au second, s'ils n'avaient pas « modifié » le fonctionnement de leur cerveau ?

Lorsqu'on demande à un enfant de se concentrer, lorsqu'on lui donne quelque chose à apprendre, on lui demande d'utiliser sa volonté pour diriger son esprit et donc son cerveau, les deux étant indissociables.

De cet effort-là, une grande personne n'est pas moins capable qu'un mouflet. Dans leur livre *The mind and the brain : Neuroplasticity and the Power of Mental Force*, Jeffrey M. Schwartz et Sharon Begley mettent en lumière l'incroyable plasticité du cerveau adulte.

Études et images cérébrales à l'appui, ils montrent que lorsqu'on demande à quelqu'un de penser à tel ou tel sujet, son cerveau réagit immédiatement : il est modifié en conséquence. Qui plus est, le cerveau se réorganise pour faire plus de place à telle ou telle tâche à accomplir :

> « L'activité volontaire sculpte le cerveau, et ceci, non seulement pendant l'enfance, lors des premières étapes du développement du cerveau, mais sans cesse et tout au long de la vie... Le cerveau adulte peut changer. Il peut développer de nouvelles cellules. Il peut modifier la fonction de cellules anciennes. Il peut réorganiser une zone qui était dévolue à une activité pour la consacrer à une autre. »

Le préjugé selon lequel le cerveau d'un adulte serait incapable de changer est donc faux ; à n'importe quel âge, on modifie son cerveau en l'enrichissant de nouvelles connexions neuronales et de nouveaux neurones dès qu'on apprend quelque chose.

Notre cerveau n'est pas coulé dans du béton. Il ne végète pas non plus comme un légume sous une serre. Toutes nos décisions et tous nos choix – autrement dit, notre volonté – ont sur lui un impact, une influence à court et à long terme.

La vérité est donc aux antipodes du cliché démoralisant de la volonté impuissante. Non seulement la volonté n'a aucun mal à modifier et à enrichir le fonctionnement de notre cerveau, organe plastique et adaptable s'il en est, mais c'est ce qu'elle fait sans arrêt.

Passons au deuxième argument en faveur du cliché qui nous occupe.

2/ On affirme que les personnes dépressives souffrent d'une incapacité définitive à vouloir, d'une sorte « d'endormissement de la volonté », et que par conséquent, il est inutile et même dangereux de faire appel à leur volonté.

Mais il faut choisir : soit la volonté du « dépressif » est morte et bien morte, et alors il n'est plus vraiment un homo sapiens, puisque c'est notre *volonté*, autrement dit notre *libre arbitre*, autrement dit encore *notre faculté de choisir* (toutes ces expressions sont interchangeables) qui font de nous des personnes humaines, soit la volonté du déprimé ne fait que roupiller et alors on peut, et même on doit, la solliciter.

Soit les déprimés sont des zombies, des robots, des gastéropodes, et dans ce cas il est en effet inutile de faire appel à leur volonté inexistante, soit leur volonté est juste engourdie, prisonnière d'un sommeil plein de cauchemars, et plutôt que de marcher sur la pointe des pieds il faut lui parler fort et la secouer par l'épaule pour qu'elle s'éveille.

Dans le premier cas, les personnes déprimées ne sont pas des personnes, ce qui est une contradiction dans les termes ; dans le deuxième cas, ce qui est dangereux c'est de laisser cette volonté assoupie s'enfoncer plus avant dans ses mauvais rêves.

La première hypothèse étant absurde, c'est la seconde qui s'impose.

3/ Troisième argument, qui n'est pas vraiment un argument mais plutôt une comparaison : personne ne choisit de tomber en dépression, pas plus que de se casser la jambe.

Ce rapprochement mérite qu'on la creuse un peu.

Personne ne choisit de se casser la jambe, certes, mais des imprudents choisissent de dévaler des pistes noires alors qu'ils n'ont pas le niveau nécessaire. Certes, ils ne font pas le choix délibéré de se casser la jambe, mais s'engagent de leur plein gré sur une piste qui mène aux fractures.

Et s'il en allait un peu de même avec la dépression ?

Et si on allait vers la dépression par sa propre volonté, mais sans savoir qu'on y va ?

On prend parfois une route sans savoir où elle mène... c'est ce qui arrive à tous ceux qui se perdent.

4/ Venons-en au quatrième argument : l'indécision. L'hésitation est sans aucun doute l'une des caractéristiques des déprimés. Mais qu'est-ce que ça prouve ?

Pas forcément que la volonté est impuissante à combattre la dépression. Et si l'indécision dépressive était le signe que, dans ces moments-là, on a égaré le mode d'emploi de son libre arbitre ? Ou peut-être que ce mode d'emploi, on ne l'a jamais eu entre les mains, et que pour une raison ou pour une autre, on en ressent le manque d'une manière particulièrement aiguë à ce moment-là ?

Laissons la question ouverte et passons au cinquième argument.

5/ Cinquième et dernier argument : l'exaspération que suscite, chez les personnes déprimées qui y ont droit, les conseils lourdauds du style « Reprends-toi ! », « Secoue-toi ! » et « Fais un effort ! »

Cet agacement se prête à plusieurs interprétations, lui aussi.

Si de tels conseils ne servent à rien, ce n'est pas forcément parce qu'ils sont ineptes. Qui sait ? Peut-être qu'ils appuient trop brutalement à un endroit trop sensible. Recevoir un coup de poing précisément à l'endroit où l'on aurait besoin d'être chatouillé par une aiguille d'acupuncture ne fait pas précisément le même effet.

Les arguments avancés pour soutenir que « la volonté ne sert à rien » sont donc faiblards. Ils ne convainquent pas vraiment.

Rôle de la volonté

De nombreuses recherches scientifiques montrent que la volonté joue un rôle crucial dans le passage de la dépression au bien-être.

On a découvert par exemple qu'il suffit d'accomplir un acte de gentillesse ou une bonne action pour renforcer son système immunitaire et élever sa production de sérotonine, que pratiquer une activité physique réduit le niveau de dépression et de stress, et qu'un simple sourire – même donné sans émotion – améliore l'humeur.

Or toutes ces bonnes habitudes sont directement sous le contrôle de la volonté : pour se montrer gentil, faire du sport, sourire, il faut faire un effort.

Et pour faire un effort, il faut le vouloir.

Mis à part ceux (en petit nombre) qui adhèrent au lieu commun de la volonté inutile, les thérapeutes sont du même avis que les scientifiques : ils pensent que pour sortir de la dépression, il faut faire usage d'un minimum de volonté. En exemples, on peut citer David D. Burns, Albert Ellis, Christine Padesky, Dennis Greenberger.

Tous ces thérapeutes partent du principe qu'on peut agir sur sa dépression par divers exercices mentaux, exercices qui, par définition, requièrent l'usage de la volonté. Je dis « par définition », car tout entraînement, quel qu'il soit, demande de la volonté.

Bref, le cliché ment : la volonté a bien un rôle à jouer dans cette histoire.

Les ingrédients complémentaires

Après tout ce que nous venons de dire, vous croyez peut-être maintenant que pour sortir de la dépression, il suffit de le vouloir. Qu'il suffit de prendre sur soi, de serrer les dents. Ou peut-être que vous ne le croyez pas, mais que vous croyez que je le crois...

Ce n'est pas aussi simple.

Il ne suffit pas de vouloir sortir de dépression pour s'en extraire... de même que pour écrire un beau poème, apprendre à nager, obtenir le bac ou remplir sa déclaration d'impôt, il ne suffit pas de le vouloir non plus. Pour atteindre de tels objectifs, il faut de la volonté, certes, mais d'autres ingrédients ne sont pas moins nécessaires (inutile d'en faire la liste ici).

Ces ingrédients complémentaires, de quelle manière se les procure-t-on ?

En les cherchant, bien sûr.

Recherche qui commence quand ?

Dès qu'on le souhaite.

Autrement dit, dès qu'on veut.

Vous avez entendu ?

Dès qu'on *veut*.

Pas moyen d'y échapper : pour trouver les ingrédients nécessaires pour faire ceci ou cela, y compris pour passer de la dépression au bien-être, il faut les chercher, il faut le vouloir. La volonté n'est pas seule en cause, mais elle est première en cause : même pour ce qui n'est pas elle, on commence par elle. Pour devenir vrai, le cliché de la volonté qui « ne suffit pas » doit donc être mis cul par-dessus tête : *sans volonté, rien ne suffit.*

Vous êtes dubitatif ?

Vous continuez à penser que la volonté est impuissante face à la dépression, ou qu'on peut en « guérir » sans faire aucun usage de sa volonté ?

Autrement dit vous croyez que pour sortir de dépression, il y a une route qui ne demande aucun effort d'aucune sorte, une route qui descend ?

Visualisez un affaissement, un creux, une fosse. Et maintenant imaginez un joli toboggan, comme il y en a dans les jardins pour enfants. Est-il possible de sortir du premier en descendant le second ?

Vous voyez bien que ce n'est pas possible... On ne s'extrait pas d'un trou (ou *dépression*) en dévalant une pente.

Mais de nos jours, cette évidence a perdu son caractère d'évidence. Alors peut-être est-ce le moment de battre le rappel de quelques antiques aphorismes, sages préceptes qui remettent les pendules à l'heure. Ces dictons démodés mais toujours vrais insistent sur le pouvoir de notre libre arbitre :

Qui a la volonté a la force ; tes pieds te conduiront où tu veux aller ; plus fait celui qui veut que celui qui peut ; la bonne volonté trouve le moyen et l'opportunité ; la bonne volonté raccourcit le chemin ; les volontés sont libres ; qui veut cherche un moyen, qui ne veut pas cherche une excuse...

Des excuses, les idées reçues sur la dépression en offrent à foison. Des moyens, c'est ce qu'on trouve quand on est fermement décidé à prendre sa vie en main et qu'on a compris que c'est possible, et c'est que vous découvrirez en poursuivant la lecture de cet ouvrage.

Si vous croyez que vous êtes capable...

Le lieu commun de la volonté inutile et impuissante est probablement le plus néfaste de tous ceux que nous avons examinés jusqu'ici ; la croyance que « la volonté ne peut rien contre la dépression » est un énorme rocher sur la route qui mène au bonheur, ou sur la route qui mène le bonheur à nous (car parfois, la difficulté ne consiste pas tant à rejoindre le bonheur qu'à lui donner l'autorisation de nous approcher). Rocher virtuel, certes, puisque cette croyance est une illusion, mais qui n'en est pas moins dissuasif.

Avec lucidité, un ex-dépressif témoigne du péril très réel que lui a fait courir le lieu commun de la volonté inutile :

> « J'ai été leurré par des phrases du type *La dépression n'est pas une question de volonté*. Maintenant, je me rends compte du temps que j'ai perdu avec les affirmations de ce style, ainsi que du mal qu'elles m'ont fait. Mon adhésion à des idées de ce genre m'a littéralement fait couler. »

Son analyse est bonne. « La dépression n'est pas une question de volonté » est une formule de magie noire qui fait tourner les aiguilles du cadran dans le vide ; elle condamne à ne rien faire du temps qui passe ; elle fait couler les malheureux qui s'y accrochent.

Étant donné que notre volonté est tributaire de notre manière de voir, que notre libre arbitre s'exerce à l'intérieur des limites que lui fixent nos croyances et les images mentales qui les accompagnent, lorsqu'il y a désaccord entre ce dont on se croit capable et ce que l'on veut, c'est la croyance qui détermine le résultat final.

C'est ce qu'a découvert Émile Coué (1857-1926), dont nous reparlerons, et c'est aussi ce que le grand industriel Henry Ford (1863-1947) avait compris :

> « Si vous croyez que vous en êtes capable, vous avez raison. Et si vous croyez que vous n'en êtes pas capable, vous avez raison aussi. »

Un haltérophile hypnotisé peut s'avérer incapable de soulever un crayon posé sur une table. Il suffit pour cela que l'hypnotiseur lui dise qu'il n'en a pas la force, que le crayon est trop lourd pour lui. De même, un homme doté d'une volonté de fer peut en sembler complètement privé simplement parce qu'il croit en manquer, ou parce qu'il s'imagine que, dans la situation où il se trouve, sa volonté ne lui serait d'aucun secours. Se voir impuissant, c'est le devenir : notre volonté s'effondre dès que nous cessons de croire à son pouvoir.

Heureusement pour nous, comme le souligne Ford ça marche aussi dans l'autre sens : croire à ses capacités et à la force de sa volonté permet d'en faire un usage de plus en plus judicieux et conséquent. Pour que vous soyez capable, il suffit que vous croyiez l'être.

Ce que vous déciderez de croire

Je ne sais pas si je vous ai convaincu, mais au fond, tout ce que je pourrais vous dire aura moins d'influence sur votre destinée que ce que vous déciderez de croire.

En fin de compte, que préférez-vous penser ?

Que votre volonté est hors service et que vous êtes impuissant, ou que vous pouvez faire quelque chose pour vous-même, que vous avez la capacité de vous venir en aide ?

Soit vous choisissez, par votre volonté, de croire que vous n'avez *pas* de volonté, ou qu'elle ne vous sert à rien, et vous suivez ainsi l'autoroute d'un lieu commun qui se termine en impasse, soit vous reprenez le gouvernail de votre existence en décidant, toujours par votre volonté, que vous *avez* une volonté et qu'elle peut vous servir à quelque chose.

Le choix vous appartient.

Il vous a toujours appartenu et il vous appartiendra toujours.

Nous, êtres humains, sommes ainsi faits que nous ne pouvons échapper au choix. Nous pouvons choisir de nous prendre pour des pantins sans volonté mais nous n'en gardons pas moins notre libre arbitre. Qu'on se sache libre ou qu'on s'imagine ne pas l'être, notre volonté reste libre, autodéterminée et souveraine.

À retenir

- On sort de dépression en fournissant des efforts conscients.
- La volonté seule ne suffit pas, mais sans volonté, rien ne suffit.
- Croire à la puissance de sa volonté, c'est la muscler.
- Croire à l'impuissance de sa volonté, c'est la châtrer.

Conseils

▶ Pour mieux comprendre son mode d'emploi, étudiez les différents sens et les différents synonymes du mot *volonté*.

▶ Prenez le contre-pied du cliché et dites-vous que votre volonté est assez grande pour vous permettre de surmonter votre mal-être.

▶ Croyez en vous, croyez en votre volonté, et croyez aussi que sortir de dépression est (au moins en grande partie) une question de volonté, autrement dit un choix.

La « faute à personne »

La faiblesse et la force d'un homme,
sa pureté et son impureté sont à lui.
Elles ne sont pas celles de quelqu'un d'autre.
C'est lui qui en est l'auteur, et pas quelqu'un d'autre,
Et elles ne peuvent être modifiées que par lui,
jamais par quelqu'un d'autre.
James Allen

Le septième cliché que nous allons examiner maintenant s'inscrit dans la continuité du précédent. Étant donné que nous ne sommes responsables que de nos choix, quand on croit que « la volonté n'a rien à voir avec la dépression », on croit aussi inévitablement que nous ne sommes pas responsables de nos états d'âme :

« La dépression n'est la faute de personne. »

« Votre dépression, vous n'en êtes pas responsable. »

« Ne vous sentez pas responsable de votre maladie… »

« Comprenez bien que la dépression n'est pas de votre faute ! »

« Dites-vous bien que vous n'êtes pas responsable de votre état dépressif. »

« On ne choisit pas la dépression ; c'est elle qui vous choisit ; vous n'y pouvez rien ; vous n'avez rien fait de mal… »

« La dépression n'est pas du laisser-aller, un mal de vivre que vous auriez laissé se développer ; vous ne l'avez pas voulue et vous n'en êtes absolument pas responsable. »

« Ce n'est pas votre faute si vous souffrez de dépression, tout comme ce ne serait pas votre faute si vous souffriez du diabète… »

Vous noterez au passage que cette dernière comparaison est particulièrement mal choisie ou tendancieuse, puisque beaucoup de diabétiques le sont devenus suite à des excès de sucreries.

Mais l'essentiel est que si on se fie à ces affirmations répétées à l'infini dans une multitude de brochures, de livres et d'articles, l'individu déprimé, autrement dit malheureux, est une victime 100 % pur jus.

Que faut-il penser de cette thèse ?

À l'origine des émotions

Pour commencer, un fait : nous n'avons pas une prise immédiate, facile et directe sur nos émotions. Très souvent, celles-ci surviennent en nous d'une manière inattendue. Avant même de savoir pourquoi, nous nous sentons joyeux, ou en colère, ou triste, ou mal à l'aise, ou très content de nous, ou pétillant d'enthousiasme et de joie de vivre, ou fulminant de fureur comme un *toro bravo*, quand des olibrius moulés dans des cyclistes à paillettes le provoquent gratuitement.

Mais cela signifie-t-il que nous n'avons aucune prise d'aucune sorte sur nos émotions ?

Non, cela ne signifie pas cela.

Les émotions que nous ressentons ne sont bien souvent qu'un résultat. À leur source se trouvent nos croyances, nos pensées, nos actes et nos non-actes. Or nous avons du pouvoir sur ce que nous croyons, pensons et faisons. Nous avons donc du pouvoir sur les émotions que nous éprouvons !

« Mais, m'objectera probablement un lecteur ou un autre, moi je n'ai vraiment *aucun* pouvoir sur mes émotions, ni d'ailleurs sur mes pensées. Elles arrivent sans que je les aie sonnées ; elles m'obsèdent sans mon accord. »

Cher lecteur, c'est comme si vous me disiez que vous ne parlez pas l'anglais... Il se peut qu'actuellement, vous n'ayez pas de pouvoir sur vos émotions, mais *vous pouvez en avoir.*

Vous pouvez apprendre à maîtriser et diriger vos émotions en prenant le pouvoir sur votre activité mentale ainsi que sur vos actes et vos habitudes. C'est ce que j'ai fait, c'est ce que beaucoup d'autres ont fait, et c'est ce que vous pouvez faire vous aussi. Vous n'arriverez probablement pas à une maîtrise sans faille, non-stop, mais vous dédramatiserez, relativiserez et minimiserez vos émotions indésirables, et vous deviendrez aussi capable de réorienter rapidement vos pensées dans la bonne direction quand celles-ci commencent à s'égarer dans une forêt d'idées sombres et lugubres.

Bref, vous prendrez le contrôle.

La dépression, un choix ?

Certains thérapeutes prennent le contre-pied de la thèse de l'irresponsabilité en insistant sur notre rôle dans la formation de nos états d'âme. Ainsi d'après la thérapeute Dorothy Rowe, la dépression est quelque chose que nous fabriquons nous-mêmes. La thérapeute A.B. Curtiss (dont je vous ai déjà parlé) va encore plus loin, puisque selon elle la dépression est un choix. Naturellement, elle nous conseille de faire un autre choix.

Un ex-dépressif dit la même chose :

> « Rester déprimé est un choix. C'est la vérité. J'en suis témoin. »

Bien sûr, tout le monde ne partage pas ce point de vue sinon extrémiste, du moins radical. Certains ne l'apprécient même pas du tout, et protestent de cette manière :

> « La dépression, mon choix ? Mais quel choix ?! Je ne choisis pas d'être déprimé ! ça m'arrive ! Je n'ai pas choisi l'anxiété, le chaos, la solitude, les hospitalisations... ça ne m'amuse pas ! Je n'aime pas ça ! On ne choisit pas de devenir dépressif et suicidaire ! »

Certes, on ne choisit pas délibérément et consciemment de devenir dépressif et suicidaire. Mais, par contre, rien n'empêche de prendre des décisions mal avisées, de faire des choix malheureux, et d'adopter des habitudes destructrices. Décisions, choix et habitudes qui, de fil en aiguille, conduisent petit à petit à l'anxiété, au chaos, à la solitude et aux hospitalisations.

Pour faire cette erreur, il suffit :

1/ De ne pas savoir où mène la route où l'on chemine ;

2/ D'ignorer qu'il y a une autre route que celle où l'on marche, que l'on a le choix ;

3/ De se croire incapable de prendre cette autre route ;

4/ Ou de se décourager quand on constate que l'autre route (la bonne) est un chemin qui monte.

Vous le savez déjà : nos décisions et nos choix, nos « Je prends à droite » et nos « Tiens, et si je prenais plutôt ce petit sentier sur la gauche ? » ont plus d'importance que nous ne l'imaginons généralement. Et même si c'est à contrecœur que nous avançons sur une certaine route, nous finissons par arriver où cette route mène.

Bien sûr, on peut *se sentir* irresponsable de ses états d'âme... C'est naturel et ça arrive à tout le monde...

À tout le monde, et donc à moi aussi.

Je me plains parfois : « Ce n'est pas ma faute... Je n'y suis pour rien... Je n'ai pas le choix... C'est plus fort que moi... » Mais cette impuissance affichée est moins une réalité qu'un paravent et une excuse, et quand bien même je n'en conviens pas à haute voix, je sais qu'il y a une part de mauvaise foi et de laisser-aller dans mes protestations d'innocence. Celles-ci sont moins l'expression authentique d'une vérité profonde que les répliques du rôle que je joue – celui de la victime.

Et peut-être que toute personne qui regarderait attentivement en elle-même arriverait à une prise de conscience du même genre.

Court terme

L'idée que nous ne sommes pas responsables de nos états d'âme est réconfortante... à court terme.

Dans un premier temps, cette idée permet de se sentir

innocent comme une pâquerette ou comme l'agneau qui la broute : « Tout va mal mêêêê je ne suis pour rien : ce n'est pas ma faute ! » Prendre sa part de responsabilité, c'est la dernière chose que l'on souhaite faire, lorsque les conséquences ne sont pas telles qu'on les désire...

Telle une bergerie, l'irresponsabilité offre un abri où se blottir douillettement. Quand vient l'hiver, et qu'une tempête de reproches glacés sifflent au dehors, on reste lové dans la tiède quiétude du bercail, à l'abri des accusations.

Long terme

Mais à long terme, la bergerie protectrice se change en prison.

Nous ne pouvons améliorer que ce dont nous assumons la responsabilité.

Un être libre qui agit comme s'il ne l'était pas récolte tous les inconvénients de la liberté en même temps que tous ceux de l'esclavage. Qui se prend pour une girouette est à la merci de tous les vents ; qui se voit en feuille morte malmenée par le destin se condamne au malheur, à l'impuissance et aux désagréments.

S'accrocher au leurre de son irresponsabilité, c'est faire comme le fumeur de cannabis, qui se cramponne à la brindille fragile de son joint comme si c'était une planche de salut. Son pseudo-soutien ne le soutient pas, il le paralyse et l'hébète, le rendant trop bête ou trop mou pour agir à bon escient.

Se croire irresponsable de ses états d'âme, c'est se condamner à les supporter à perpétuité. On ne peut pas agir sur des facteurs qu'on croit hors de son contrôle. Pourquoi agirait-on ? Comment agirait-on ? On n'a rien fait, on n'y est pour rien, on n'a rien vu, rien entendu, et d'ailleurs ce soir-là, on était ailleurs.

Même si la théorie de Darwin donne l'impression féerique qu'il suffit de laisser mijoter des créatures unicellulaires assez longtemps dans l'eau pour qu'en surgissent des cœlacanthes aux poumons embryonnaires, puis des mammifères dotés des options les plus perfectionnées, de nos jours et à l'échelle d'une vie humaine, le temps seul n'améliore pas grand-chose.

Deux semaines après, la voiture qu'on a laissée dehors n'a pas développé un autoradio ou une vitre teintée à l'arrière ; elle a seulement accumulé de la poussière, des fientes de pigeon et des amendes pour stationnement interdit.

Ceux qui laissent leurs problèmes psychologiques en l'état, en espérant que le temps et les médicaments les résoudront sans eux, sont immanquablement déçus.

Les déprimés qui restent focalisés sur leur prétendue irresponsabilité ne bougent pas – car gober des cachets, ce n'est pas bouger. Ne bougeant pas, ils s'enlisent doucement mais sûrement dans leur statut de victime.

« Tu peux faire mieux que ça ! »

Supposons que la vie soit un match. Dans le cadre de cette analogie, faire une dépression, est-ce le signe qu'on est en train de gagner le set et qu'on doit continuer sur sa lancée – on ne change pas une équipe qui gagne ?

Si vous en doutez autant que moi, nous en doutons.

Une dépression s'apparente plutôt à un set perdu. Or que dit le coach au tennisman qui vient de perdre un set ? En général, il lui dit : « Reprends-toi mon loulou ! Tu peux faire mieux que ça, beaucoup mieux que ça ! »

Ou quelque chose du même genre.

Pourquoi donc le coach parle-t-il à son élève de cette manière ? Pourquoi le culpabilise-t-il ainsi ? Pourquoi ne le caresse-t-il pas dans le sens du poil en accusant le terrain, le temps, les circonstances, l'adversaire, l'arbitre, la génétique ?

Il s'abstient de chercher des excuses à son poulain parce que ça ne serait pas lui rendre service. Ce serait plutôt le moyen de lui faire perdre tous les sets suivants et de bousiller sa carrière de sportif.

Et maintenant, revenons à la dépression et à ses spécialistes.

Ceux qui vous répètent « vous n'y pouvez rien, vous n'êtes pas responsable », quel est leur but ultime, à votre avis ?

S'ils veulent vraiment vous voir gagner le match, ils s'y prennent d'une drôle de manière.

Précieuse responsabilité

Dans notre monde frileux et frivole, la responsabilité n'a pas bonne presse. Il est vrai qu'elle a un nom qui n'est pas franchement rassurant... *Responsabilité*, ça rime avec *culpabilité*.

Mais cette responsabilité si peu attractive quand on la voit à distance devient séduisante dès qu'on l'examine de près et qu'on la gratte un peu. C'est une pépite d'or recouverte de terre : son manque d'éclat ne la rend pas moins précieuse.

Pourquoi précieuse ?

Primo, parce que *responsabilité* n'est, en fin de compte, qu'un synonyme un peu austère de l'enivrante *liberté* : être responsable, c'est être libre ; être libre, c'est être responsable. « Liberté implique responsabilité, c'est pourquoi tant d'hommes la redoutent », a dit d'ailleurs George Bernard Shaw (1856-1950), prix Nobel de littérature.

Secundo, parce que la responsabilité est le contraire de l'impuissance. Antoine de Saint Exupéry (1900-1944), poète, aviateur et auteur du *Petit Prince,* le souligne : « Nul ne peut se sentir, à la fois, responsable et désespéré. » Quand on se sent responsable, on ne se sent jamais complètement impuissant.

Tertio, parce qu'une responsabilité est une mission, et que pour être heureux, nous avons besoin d'en avoir au moins une à accomplir. Ceux qui n'ont aucune responsabilité (ou plutôt, qui *croient* qu'ils n'en ont aucune) se sentent légers mais aussi vides. Ils flottent à la surface de l'existence.

On a besoin de porter quelque chose pour se sentir exister.

Un conjoint que vous devez épauler, des enfants qui ont besoin de vous tous les jours, des parents vieillissants pour qui vous comptez plus que tout... certains fardeaux sont d'autant plus précieux qu'ils sont lourds, et d'autant plus lourds qu'ils sont précieux.

Vous êtes d'accord mais vous ployez sous le fardeau, que

vous jugez trop pesant pour vos épaules ?

Dites-vous bien que ces responsabilités vous incombent parce que vous êtes capable de les porter jusqu'au bout. Personne n'est chargé de plus que sa capacité. La solution n'est donc pas de fuir vos obligations une semaine aux Seychelles. Ce dont vous avez besoin, ce n'est pas de vacances mais de patience. Fin de la parenthèse. (Car c'était une parenthèse.)

Pour toutes les raisons mentionnées plus haut, dès qu'on revendique la responsabilité de sa vie on sort comme par magie du désespoir pour accéder à une relative sérénité. À ce propos, voici le témoignage lumineux et éclairant d'un ex-dépressif :

> « Depuis que j'ai commencé à revendiquer la responsabilité de mes pensées et de mes actions, je me sens tellement mieux !... On m'avait dit que j'avais une prédisposition génétique à la dépression. Dans ma famille, plusieurs personnes ont fait des dépressions sévères. J'ai eu moi-même de longs épisodes dépressifs dès l'adolescence. J'ai été sous antidépresseurs. Mais maintenant je n'en prends plus et je me sens en bonne santé, calme, heureux, capable de faire face à la vie et à ses défis. »

Le bien-être, le calme et le bonheur dont jouit cet ex-dépressif sont la conséquence directe du choix avisé qu'il a fait – le choix de revendiquer la responsabilité de ses pensées et de ses actions.

Dès qu'on se souvient qu'on a le choix et que si on est là où l'on est à faire ce que l'on est en train de faire *c'est parce qu'on l'a choisi* on se sent tout de suite beaucoup mieux.

Votre décision

En fin de compte, la décision vous appartient : voulez-vous être une victime, ou voulez-vous être le maître de votre destinée ?

Inutile de chercher une troisième option, il n'y en a pas.

Si vous pensez que l'essentiel est d'être innocent de ce que vous vivez (une victime), vous n'aurez aucun mal à trouver des spécialistes pour vous forger des alibis plus ou moins crédibles et vous rédiger des certificats d'inaptitude plus ou moins convaincants.

Mais si pour vous, l'essentiel est d'accéder à la lumière, au bonheur et à l'amour ; de devenir tout ce que vous pouvez être ; de vivre sereinement, utilement et noblement ; de construire votre plus bel avenir avec la même ferveur que les artisans du Moyen Âge mettaient à bâtir les cathédrales et la même persévérance que les castors industrieux mettent à bâtir leurs robustes barrages ; alors cherchez votre part de responsabilité : elle constitue votre marge de manœuvre.

Bien souvent, on s'imagine qu'on n'a pas le choix parce qu'on n'a pas suffisamment réfléchi aux différentes possibilités qui s'offrent à nous. Parce qu'on ne voit pas de choix à faire, on pense qu'il n'y en a pas...

Mais si, il y en a.

Il y en a toujours.

Qui plus est, l'accumulation de nos choix définit qui nous sommes.

Bien d'autres l'ont dit avant moi et mieux que moi. Le romancier irlandais Joseph O'Connor affirme ainsi d'une manière simple et percutante :

« On a toujours le choix. On est même la somme de ses choix. »

Je vous conseille de vous approprier cette citation, dont la sagesse va loin.

 **À retenir**

- Tomber dans la dépression n'est pas un choix ; rester au fond du trou en est un.
- Nos émotions sont en grande partie le résultat direct ou indirect de nos croyances, pensées, actes, non-actes et habitudes, sur lesquels nous pouvons agir.
- Ceux qui veulent nous convaincre que face à la dépression nous sommes irresponsables et impuissants ne travaillent pas à notre succès.

▶Refuser sa part de responsabilité, c'est refuser sa part de liberté et de pouvoir.

Conseils

▶ Partez du principe que vous êtes libre, plus libre que vous n'imaginez actuellement, et vous découvrirez ensuite petit à petit qu'effectivement, vous l'êtes : de fil en aiguille, vous prendrez conscience que de nouveaux choix s'offrent à vous – ou que vous aviez toujours eu le choix, sans vous en rendre compte.

▶ Demandez-vous régulièrement : « Pourquoi ai-je le choix ? Dans quelle mesure ai-je choisi ma vie, mes circonstances, mon environnement ? Dans quelle mesure suis-je ici en train de faire ce que je fais parce que je l'ai voulu, parce que je le veux ? »

Des idées noires
comme symptôme

Nous en arrivons maintenant au huitième cliché. Un lieu commun si populaire qu'on peut facilement le prendre pour un fait. Je suis sûre que vous l'avez certainement déjà lu ou entendu quelque part. Il se présente de cette manière :

> « La rumination et les idées négatives sont l'un des signes de la dépression. »

> « Les idées noires sont fabriquées par la dépression et disparaissent à la guérison de la maladie. »

> « Parmi les symptômes de la dépression, on trouve les idées noires répétées de mort et de suicide. »

> « Les troubles somatiques, l'anxiété, la lassitude et les idées d'échec sont des symptômes de dépression. »

D'après ce lieu commun, les idées noires seraient l'un des signes ou symptômes de la dépression.

Un symptôme révèle la présence d'une maladie, il en est la conséquence. Quand on affirme que les ruminations cafardeuses sont l'un des symptômes de la dépression, on affirme que la dépression est une usine à idées noires : elle les fabriquerait à la chaîne dans ses ateliers.

De toutes les idées que nous avons examinées jusqu'ici, celle-ci est certainement la plus crédible. On peut même dire qu'à première vue, on ne voit pas comment ne pas être d'accord. Lorsqu'on se sent déprimé, on a des idées noires, c'est incontestable ; est-ce que ça ne revient pas au même que d'affirmer que les idées noires sont l'un des signes, ou symptômes, de la dépression ?

Et bien, justement, non...

Ça ne revient pas au même.

Et la différence est loin d'être d'anecdotique, comme nous allons le voir.

Nos idées nous aident ou nous enfoncent

Avez-vous remarqué comme une situation objectivement facile peut devenir insupportable lorsqu'on l'empoisonne avec certaines pensées toxiques ?

Lorsqu'une personne se sent triste ou anxieuse et que des émotions négatives l'envahissent, c'est presque toujours parce qu'elle est (consciemment ou à son insu) sous l'emprise de pensées rembrunies. Les idées sombres assombrissent le monde partout où l'on regarde, le rendant obscur aux deux sens du terme : incompréhensible et sinistre.

Et l'inverse est aussi vrai : une situation objectivement difficile peut être traversée avec sérénité, grâce et aisance, quand on sait l'envisager sous son bon profil.

Même dans les cas où la cause de la tristesse est objective et évidente, notre manière de penser peut jouer un rôle aggravant ou atténuant : la mauvaise attitude mentale transforme la piqûre de guêpe en coup de poignard, tandis que la bonne attitude mentale révèle en tout coup de poignard une épreuve, un test, une occasion de grandir.

Le consensus des sages

De nombreux thérapeutes savent qu'une attitude mentale négative est l'une des causes de la dépression. Ainsi le conseiller conjugal américain Bob Phillips définit l'anxiété et la dépression comme « des manières de penser ». D'après le psychiatre James S. Gordon, la dépression est le résultat de certaines attitudes et visions du monde. Sans surprise, A. B. Curtiss partage ce point de vue :

« Le problème de la dépression est localisé dans les rouages les plus intimes de notre manière de penser. »

Depuis que le monde est monde, le rôle des idées, pensées et croyances dans la destinée de l'Homme a été souligné par toutes sortes de sages. Il y a plus de 2500 ans, Bouddha affirmait déjà :

« Nous sommes ce que nous pensons. Tout ce que nous sommes résulte de nos pensées. Avec nos pensées, nous bâtissons notre monde. »

Bien des siècles après, en Grèce, Epictète (50-130), figure phare du stoïcisme antique, arrive à la conclusion que ce sont nos pensées qui façonnent notre humeur :

« Lorsque nous sommes contrariés, troublés ou tristes, n'en accusons que nous-mêmes, c'est-à-dire nos opinions. »

De même Marc-Aurèle (121–180) le philosophe qui régnait il y a dix-neuf siècles sur l'Empire romain, affirme que ce ne sont pas les circonstances extérieures qui nous perturbent, mais bien notre manière de les interpréter :

« Si un élément externe vous fait souffrir, votre douleur n'est pas causée par cet élément en tant que tel mais par votre propre jugement de cet élément. »

En France, le célèbre penseur Michel Eyquem de Montaigne (1533-1592) s'inspire d'Épictète pour dire à peu près la même chose :

« Les hommes sont tourmentés par les opinions qu'ils ont des choses, non par les choses mêmes. »

Depuis, de nombreux intellectuels ont souligné le rôle primordial que jouent nos pensées. Par exemple James Allen (1864-1912) :

« Les bonnes pensées donnent de bons fruits ; les mauvaises pensées, de mauvais fruits. »

Ou Dale Carnegie (1888-1955), l'auteur bien connu de *Comment se faire des amis et influencer les gens* :

« Souvenez-vous que le bonheur dépend non pas de ce que vous êtes ou de ce que vous possédez, mais uniquement de votre façon de penser. »

C'est tellement vrai.

Des pensées d'amour génèrent de l'amour, des pensées enthousiastes de l'enthousiasme, et des pensées amères de l'amertume. De la même manière que les cerisiers donnent des cerises et les bolets Satan des gastro-entérites, les pensées positives produisent des émotions positives et les pensées négatives des émotions négatives.

C'est une loi universelle, valable pour tous, y compris pour ceux qui ignorent son existence.

De la dépression comme symptôme

Que ressort-il de tout cela ?

Que les plus ou moins tristes sires qui prétendent que les idées noires sont « fabriquées » par la dépression sont complètement à côté de la plaque. Ils n'ont d'ailleurs pas le moindre argument à l'appui de leur thèse, qu'ils ne cherchent même pas à justifier.

Les idées noires ne sont pas une conséquence mais une *cause* de dépression.

L'une des principales.

Aussi déconcertant que cela puisse paraître à ceux qui font aveuglément confiance aux médias, ce ne sont pas les idées noires qui sont un symptôme de dépression, mais tout au contraire *la dépression qui est un symptôme d'idées noires.*

Parenthèse arc-en-ciel

J'ouvre une parenthèse.

On parle toujours des « idées noires » comme si c'était le seul coloris disponible ; par chance il y en a bien d'autres.

Il y a des idées jaunes, bleues, vertes...

Dans l'intensité des idées rouges on s'énerve, on se révolte, on brandit le poing, on manifeste. Dans la fraîcheur des idées vertes on se rassemble, on se redresse, on pousse des racines, on s'apaise. Sachant mieux qui l'on est, on gagne en sagesse. Dans le velouté des idées roses on devient sensible au sourire, à la tendresse, aux battements d'un cœur, aux rythmes de l'amour.

Et les idées blanches, lumineuses, candides ?

Dans leur clarté on apprend à faire la différence entre le vrai et le faux, le bien et le mal – car il faut un fond clair pour discerner ce qui est sombre.

Inversement, lorsqu'on patauge dans les idées noires, on ne connaît ni l'obscurité, pour y être englué, ni la lumière, pour en être trop loin... Les poissons des grands fonds ne savent pas ce qu'est l'eau, pour n'avoir jamais rien connu d'autre, et ne savent pas non plus ce qu'est l'air, pour n'avoir jamais fait surface.

Pour « soigner sa dépression », il est nécessaire de remplacer ses vieilles idées noirâtres par des idées lumineuses et colorées – des idées vert rainette, bleu azur, tourterelle, coquille d'œuf, aigue-marine, lavande, rose pêche, jaune paille et saphir irisé.

Fin de la parenthèse.

Les méfaits d'une idée fausse

Considérer les idées noires comme un symptôme de dépression parmi d'autres, c'est commettre une erreur qui a des conséquences.

Prenons le cas d'Arsène.

Un matin, suite à diverses contrariétés et à des croyances erronées qui remontent à son enfance, Arsène pense : « Je suis nul, ma vie est nulle, je vais perdre mon emploi et me retrouver à la rue... » Ensuite (très vite, si vite qu'il a l'illusion d'une simultanéité), il se sent envahi par le découragement.

Parce qu'Arsène croit que les idées noires ne sont qu'un symptôme de dépression, dans cette situation il n'a pas le réflexe salutaire de se dire :

« Stop ! ça suffit ! Halte aux pensées négatives ! Je ne suis pas nul : j'ai eu mon permis de conduire du premier coup et j'ai une femme et des enfants qui m'aiment. La vie ne vaut rien mais rien ne vaut la vie, et pour ce qui est du travail... j'y penserai demain. »

Non.

Pas du tout.

Ce qu'il se dit, c'est : « Non seulement je suis un minable qui finira par dormir sous un carton et manger dans les poubelles, mais vu les pensées qui m'obsèdent, je fais une dépression, je suis dépressif, c'est grave et je n'y peux rien !... À l'aide ! »

Vous voyez le problème ?

Quand on sait que les idées noires sont l'une des *causes* de la dépression, on peut se remonter le moral et reprendre du poil de la bête en rectifiant le cours de ses cogitations, en chassant ses soucis, en se raccrochant de manière délibérée et volontariste à des pensées optimistes, en lisant et relisant des livres constructifs, etc.

Par contre, lorsqu'on croit que les idées noires sont l'une des *conséquences* de la dépression, elles apparaissent comme l'indice de quelque chose de beaucoup plus grave, la partie apparente de l'iceberg, et cette vision suscite un stress supplémentaire tout en privant du moyen d'y réagir d'une manière appropriée.

Autrement dit, la croyance que les idées négatives sont l'un des symptômes de la dépression met à leur merci pieds et poings liés...

Face aux pensées pessimistes qui nous traversent tous la tête un jour ou l'autre, on se retrouve dans la même situation qu'un boxeur qu'un prêtre aurait convaincu de tendre chrétiennement l'autre joue à son adversaire.

À retenir

● Les idées noires ne sont pas un symptôme de dépression.

● La dépression est un symptôme d'idées noires.

● Bonnes pensées ? Bons fruits. Mauvaises pensées ? Fruits pourris.

Conseil

▶ N'accusez pas votre dépression d'être responsable de vos idées noires, elle n'y est pour rien... C'est votre manière de penser qui vous coule – c'est elle que vous devez changer.

Lecture recommandée

☐ *Le Petit Livre Blanc pour chasser les idées noires* de **Bradley Trevor Greive.** Texte sympathique et réconfortant ; photos amusantes. Si vous aimez ce livre, lisez aussi les autres du même auteur (petit livre bleu, petit livre jaune, etc.)

Faut-il vraiment
leur faire confiance ?

Comme des fleuves se jetant dans la mer, tous les lieux communs que nous avons examinés jusqu'ici convergent vers la même conclusion : *faites confiance à votre médecin.*

La dépression est une vraie maladie... Donc vous devez faire confiance à votre médecin. La dépression n'a rien à voir avec la déprime... Donc vous devez faire confiance à votre médecin. La dépression est due à un déséquilibre chimique... Donc, vous devez faire confiance à votre médecin. La dépression n'a rien à voir avec la volonté... Donc vous devez faire confiance à votre médecin.

Cette idée prend parfois la forme d'un conseil, parfois celle d'un ordre. Il en émane un sentiment d'urgence. Le message explicite ou implicite est toujours : « Vite, vite, courez vite chez votre médecin ! »

« N'attendez pas, consultez… »

« Il vaut mieux consulter trop tôt que trop tard. »

« Il ne faut surtout pas attendre pour consulter. »

« Faites confiance au médecin, et laissez-le vous soigner ! »

« Le médecin sait ce qui est nécessaire au patient déprimé… »

« Quand on est déprimé, on doit en premier lieu consulter son médecin. »

« Si vous pensez vivre une dépression, consultez un médecin

rapidement… »

« Dans cette lutte contre la dépression il est essentiel de consulter un médecin. »

« Il est impératif de prendre le taureau par les cornes et de consulter un médecin. »

« N'attendez pas d'être devenu incapable de faire vos activités habituelles pour consulter. »

« Faites confiance à votre médecin, il est là pour vous soigner, vous soutenir et vous conseiller… »

« Si vous croyez que vous avez une dépression, vous devez consulter un médecin le plus tôt possible. »

« Le mieux est de consulter rapidement votre médecin traitant et de lui expliquer votre mal-être et vos symptômes… »

« Consultez : sans traitement, une dépression modérée à sévère risque de ne pas guérir, ou de récidiver rapidement. »

« Si vous vous sentez touché, ne vous voilez pas la face. Le mieux est de consulter rapidement votre médecin. Il saura vous écouter et vous orienter. »

« Si vous présentez des symptômes de dépression, n'hésitez pas à en faire part à votre médecin : c'est la seule façon de recevoir l'aide dont vous avez besoin pour vous en sortir… »

Si après avoir lu ce déluge d'avertissements, de conseils, d'ordres et d'intimidations, vous ne courez pas ventre à terre chez votre généraliste, félicitations : vous êtes solide, beaucoup plus solide que vous ne l'imaginez.

Alors, quand il s'agit de dépression, devons-nous faire confiance aux médecins ?

Confiance et volonté

Pour commencer, je vous demande de garder à l'esprit que ni

74

la méfiance, ni la confiance ne dépendent directement de la volonté.

George Sand (1804-1876), qui comme son pseudonyme ne l'indique pas est une femme, ne fut pas seulement l'amante de Musset, l'amie de Flaubert, Liszt et Chopin. Cette romancière à la plume généreuse et inspirée, cette intellectuelle engagée, cette femme de génie a influencé plusieurs générations de lecteurs et joué un rôle majeur dans son siècle.

Si je vous parle d'elle ici, c'est parce qu'elle a dit :

> « Eût-on mille fois tort de se méfier, la méfiance est légitime parce qu'elle est involontaire. »

À la différence d'un objet, qu'on peut lâcher ou saisir par un acte de volonté pure, la confiance se donne ou se reprend sans qu'on choisisse consciemment de la donner ou de la reprendre.

Ce qui lui fait un point commun avec l'amour, qu'on ne contrôle pas davantage.

Certes, on peut chercher des *raisons* de faire confiance ou des *raisons* de se méfier. On peut aussi se forcer à agir *comme si* on faisait confiance alors qu'au fond, tout au fond, on se méfie. Mais la confiance elle-même est un élan plus instinctif.

Du coup, l'obligation de faire confiance est aussi absurde et contradictoire que l'obligation d'être naturel : lorsqu'on se force à être naturel, on ne l'est pas, et lorsqu'on se force à faire confiance, on ne fait pas confiance.

On trahit son instinct.

Écoutez votre instinct

Quand on pense avoir de bonnes raisons de faire confiance, et que malgré tout on se méfie, faut-il mimer la confiance, faire « comme si » ?

Ce n'est pas sûr.

Notre instinct est lié à une perception globale qui excède ce que notre cerveau rationnel est capable de traiter ; notre intuition nous communique des informations vitales qui ne nous parviennent par aucun autre canal. Il est imprudent de ne pas tenir compte de leurs avertissements.

Beaucoup de personnes ont échappé à la mort parce qu'elles se sont fiées à ce qu'elles ressentaient spontanément. Et inversement, beaucoup d'autres sont mortes parce qu'elles ont ouvert leur porte ou qu'elles sont montées dans le véhicule d'une personne dont elles n'avaient aucune raison logique de se méfier, mais qui pourtant ne leur inspirait pas confiance.

Déconnectées de leur sensibilité, prisonnières de leur raison raisonnante, elles n'ont pas pris en compte le signal d'alarme que leur envoyait leur instinct, l'avertissement viscéral que leur communiquait leur intuition.

Des cordonniers mal chaussés

Venons-en maintenant aux raisons que nous avons de faire confiance aux médecins.

Primo, les médecins sont des spécialistes ; ils sont censés savoir.

Secundo, se méfier est pénible. Faire confiance est plus reposant.

Ce n'est pas une bonne raison ?

Elle n'en est pas moins forte pour autant. La méfiance est un état de crispation usant, c'est pourquoi on ne peut pas se méfier de tout le monde, tout le temps. Passe encore lorsqu'il s'agit de se méfier quelques secondes, en passant, d'un quidam ordinaire qui vous demande du feu... mais se méfier d'un médecin jouissant de tout le prestige qui lui confère sa fonction alors qu'on est soi-même en sous-vêtements et qu'on doute de la propreté de son caleçon et de l'intégrité de ses chaussettes, *ça* c'est vraiment inconfortable.

Si vous faites confiance à ce spécialiste, à ce professionnel, vous vous sentirez tout de suite beaucoup mieux. Lorsque nous étions encore des enfants innocents aux yeux ronds et aux joues rebondies, nous faisions totalement confiance aux grandes personnes. Chaque fois qu'on fait complètement confiance à quelqu'un (en particulier à quelqu'un qui semble détenir pouvoir et savoir), on retourne un peu à cet âge d'or.

Mais faire confiance au capitaine du Titanic n'a pas porté chance à ses passagers.

Non, je ne suis pas en train de comparer les médecins qui soignent la dépression à cet infortuné capitaine...

Enfin si, pour être complètement honnête c'est bien ce que je suis en train de faire.

On dit que les cordonniers sont les plus mal chaussés. Des études révèlent que dépression et suicide sont particulièrement fréquents chez les médecins. C'est vrai aux États-Unis, mais aussi au Canada et en Norvège. Probablement en France aussi.

Le risque plus élevé de suicide commence pendant les études de médecine et s'accroît significativement par la suite. Les chiffres sont étonnants : le taux de suicide des médecins hommes est supérieur de 40% à celui de la moyenne des hommes, tandis que le taux de suicide des femmes médecins est supérieur de 130% à celui de la population féminine générale.

Les médecins sont aussi plus nombreux à être victimes du stress, de l'épuisement professionnel, des drogues, de l'alcool et des médicaments.

Autrement dit, les médecins sont, dans l'ensemble, plutôt mal placés pour soigner les dépressions de leurs patients : s'ils ne sont pas capables de se protéger eux-mêmes contre la dépression, par quel miracle pourraient-ils en guérir les autres ?

Et quand bien même votre médecin respirerait la joie de vivre, il a été conditionné – on verra plus loin par qui – pour prescrire des antidépresseurs à tous ses patients déprimés. Chez lui, c'est un réflexe. Or ça aussi, c'est un problème ; vous comprendrez pourquoi en poursuivant votre lecture.

À retenir

- Méfiance et confiance sont involontaires.
- Votre intuition et votre instinct peuvent vous sauver la vie.

• Statistiquement, les médecins sont plus dépressifs et suicidaires que l'ensemble de la population.

• Ils sont conditionnés pour prescrire des antidépresseurs à leurs patients déprimés.

Conseils

► Ne vous laissez pas intimider par des titres, des diplômes ; ne vous forcez pas à faire comme si vous aviez confiance quand ce n'est pas le cas.

► Fiez-vous à votre intuition : faites confiance aux personnes qui vous inspirent confiance, et pas aux autres. Si vous vous méfiez, c'est probablement pour une bonne raison, même si pour l'instant vous ne sauriez dire précisément laquelle.

► N'obéissez aveuglément à personne et vérifiez autant que vous pouvez la valeur des conseils et des prescriptions que l'on vous donne avant de les suivre.

Aveu...

J'ai un aveu à vous faire.

Ce livre que vous venez de lire ne mérite pas à 100% son titre de "livre" car il s'intègre harmonieusement en tant que partie à un livre beaucoup plus gros, vraiment beaucoup, beaucoup plus gros, MENTALPAX.

MENTALPAX est un puissant antidépresseur naturel, un antidépresseur efficace contre le suicide, la dépression, l'anxiété, la tristesse, et les diverses "maladies mentales" inventées par la psychiatrie.

Si vous avez été interessé ce livre-ci, vous le serez plus encore par MENTALPAX, que vous trouverez sous forme de livre broché sur amazon, et sous forme de ebook un peu partout : amazon, kobo, googleplay...

J'espère que vous lirez MENTALPAX, et aussi que vous mettrez un commentaire, sur amazon ou ailleurs, à ce livre-ci, *La dépression est-elle une vraie maladie ?* Les avis (positifs) que les lecteurs écrivent publiquement sur les sites sont très précieux et importants pour l'auteur comme pour l'éditeur.

Votre amie,

Lucia Canovi

Liberté • Vérité • Clarté
Des mots qui aident, guident, réconfortent, encouragent, éclairent, élèvent ou libèrent...
Catalogue des éditions
lucia-canovi.com

**Nos livres sont disponibles sur lucia-canovi.com
aux formats pdf, .mobi et epub.
et nos programmes audios, au format mp3
Si vous voulez un de nos livres sous forme brochée (en vrai livre papier),
vous pouvez passer commande en nous écrivant à *contact@lucia-canovi.com***

Programmes audios à base d'offirmations – ce n'est PAS une faute d'orthographe !
Les offirmations sont des questions en « pourquoi » et en « nous » inspirées d'Émile Coué et de Noah Saint-John, questions qui permettent, quand on les écoute régulièrement, de programmer son cerveau pour atteindre n'importe quel objectif et réaliser ses rêves.

Écoutez tous les jours <u>100 % confiance en soi</u> et au bout de 30 jours, vous aurez une inébranlable confiance en vous-même.
Pour garder votre calme en toutes circonstances, écoutez tous les jours <u>Enfin calme</u>.
Pour être heureux quoi qu'il arrive, écoutez tous les jours <u>Enfin heureux</u>.
Pour apprendre l'anglais avec rapidité et facilité, écoutez tous les jours <u>Enfin bilingue</u>.
Pour apprendre l'arabe avec enthousiasme et plaisir, écoutez tous les jours <u>Enfin bilingue en arabe</u>.

Parentalité
Parents heureux, enfants joyeux ! Proverbes et citations motivantes pour familles aimantes, de Anna Fonseca

Histoire

La révolution française : une conspiration ?, d'Augustin Barruel

Études/Art d'écrire
7 secrets pour réussir brillamment ses études sans le moindre stress !, de Lucia Canovi.
Écrire une scène d'action en s'inspirant d'un grand romancier, de Lucia Canovi

Psychanalyse
Freud tueur en série : vrais meurtres et théorie erronée, d'Eric Miller
Secrets et dangers de la psychanalyse : Freud n'est pas votre ami, de Lucia Canovi

Science
La terre ne bouge pas, de Gustave Plaisant
La terre est immobile : preuve que la terre ne tourne ni autour de son axe, ni autour du soleil, Carl Schoepffer

Féminisme et sexisme
Sept mensonges du féminisme, de Lucia Canovi
Sept mensonges du sexisme, de Lucia Canovi

Religion/spiritualité
Eckhart Tolle et l'idiocratie : découvrez la doctrine et les effets d'un grand maître spirituel," de Lucia Canovi
L'Islam au-delà des apparences, de Lucia Canovi
Pourquoi j'ai embrassé l'Islam, d'Anselme Turmeda

Essais/Actualité
Réfléchissez ! Racisme, antisémitisme, quenelle et autres sujets sensibles, de Lucia Canovi
Conversations avec l'ennemi de Dieu : le mal au XXIe siècle, de Lucia Canovi
Le Lait du Mensonge : Fragments d'une parole sincère, de Lucia Canovi
Êtes-vous Charlie ?, de Lucia Canovi

Le piroptimisme : faut-il soigner le mal par le mal ?, de Lucia Canovi

Roman
Un baron en caravane, de Elisabeth Von Arnim
Amour et mensonges sous le ciel d'Italie, de Jean Webster
Horace, de George Sand
Les dames vertes, de George Sand
Nanon, de George Sand
Cecilia, de Fanny Burney (12 volumes)

Développement personnel/Psychologie
Marre de la vie ? Tuez la dépression avant qu'elle ne vous tue !, de Lucia Canovi

Le trésor : découvrez la méthode la plus simple de vous faire des alliés et de réaliser vos rêves, de Lucia Canovi

La clé du bonheur : 365 offirmations* pour surmonter dépression, découragement, déprime et être heureux en toutes circonstances [Ce n'est PAS une faute d'orthographe], de Lucia Canovi

La Clé du Calme : 365 offirmations* pour triompher de l'anxiété, du stress, de la colère et trouver la sérénité [Ce n'est PAS une faute d'orthographe], de Lucia Canovi

La Clé de la Richesse : 365 offirmations* à se poser pour s'enrichir malgré la crise [Ce n'est PAS une faute d'orthographe], de Lucia Canovi

Le petit livre de la paix intérieure : Proverbes anti-stress et citations calmantes, de Lucia Canovi

Le petit livre qui fortifie : Proverbes réconfortants et citations motivantes, de Lucia Canovi

Aller mal quand tout va bien : La dépression dédramatisée, de Lucia Canovi

La dépression est-elle une vraie maladie ? 9 idées fausses sur la tristesse et le mal-être, de Lucia Canovi

Et si la dépression avait un sens ?, de Lucia Canovi

Les vraies causes de la dépression, de Lucia Canovi

Libérez-vous de l'alcool et de la cigarette : Comprendre le joug pour le briser, de Lucia Canovi

Vivez jusqu'au bout ! Suicide, mode de non-emploi, de Lucia Canovi

Vous n'êtes pas fou ! Les maladies mentales démystifiées, de Lucia Canovi

Antidépresseurs, mensonges et conséquences, de Lucia Canovi

Torture ou thérapie ? La vérité sur les électrochocs, de Lucia Canovi

Enfin heureux ! Cinq thérapies gratuites et efficaces pour retrouver le sourire, de Lucia Canovi

La dépression sans nom, de Lucia Canovi

OrdiZen : La méthode de rangement qui permet de savoir exactement où est quoi dans son ordinateur... et de le retrouver rapidement !, de Lucia Canovi

À propos de Lucia Canovi

Lucia Canovi est auteur, éditeur et iconoclaste. Sa vie comporte trois actes très différents.

Premier Acte : Adeline Aragon gagne six prix littéraires, réussit ses études de lettres modernes et obtient du premier coup l'agrégation, concours réputé pour sa difficulté. Après ces brillantes études, désorientée, elle se tourne vers l'enseignement moins par choix que par impossibilité de changer en gagne-pain l'écriture, sa vocation de toujours. Pendant ce premier acte, elle est athée, cartésienne et militante féministe (Voir son livre *Sept mensonges du féminisme*).

Deuxième Acte : profondément insatisfaite de sa vie même si elle a « tout », à 27 ans elle se lance dans l'astrologie, le tarot et le russe, se teint les cheveux en rouge vif, quitte sa Toulouse natale pour Paris, et troque son rationalisme contre un mysticisme échevelé qui la mène à l'hôpital psychiatrique pour deux semaines. Loin de lui apporter le bonheur, cette route tortueuse se révèle de moins en moins carrossable. Pendant ce second acte, elle fume, boit, construit des châteaux en Espagne (voir son livre *Libérez-vous de l'alcool et de la cigarette : comprendre le joug pour le briser*), continue à écrire sans convaincre aucun éditeur de son génie, et adopte toutes les croyances du Nouvel Âge, dont la réincarnation. Elle est alors une disciple enthousiaste d'Eckhart Tolle (Voir son livre *Eckhart Tolle et l'idiocratie : doctrine et effets d'un « grand maître spirituel »*).

Troisième Acte : arrivée au bout de ses ressources financières, sans ami et sans amour, pour la première fois de sa vie elle se tourne vers Dieu pour Lui demander Son aide. Une semaine après, elle rencontre l'homme de sa vie qui lui propose immédiatement le mariage et l'Islam. Le coup de foudre étant réciproque, elle accepte le mariage. Quelques mois et d'innombrables lectures plus tard, dont *Le Mensonge de l'évolution* d'Harun Yayha, pour son plus grand bonheur elle se convertit à l'Islam.

Encouragée par son mari, elle se remet à l'écriture sous le nom de plume de Lucia Canovi avec un enthousiasme renouvelé et un but bien précis : aider les personnes qui souffrent comme elle a souffert. Son grand livre *Mentalpax : antidépresseur naturel sous forme de livre préconisé dans le traitement de l'anxiété, des idées noires, de la dépression et des autres diagnostics (*publié dans une première version sous le titre *Marre de la vie ?)* est le fruit de huit années de recherches ; les lecteurs l'adorent.

Par la suite, elle écrit sur toutes sortes de sujets, avec un intérêt particulier pour la logique, le développement personnel (voir en particulier son livre *Le trésor : découvrez la méthode la plus simple de vous faire des alliés et de réaliser vos rêves*), la religion (voir son livre *L'Islam au-delà des apparences*) et le mal sous toutes ses formes (voir son livre *Conversations avec l'ennemi de Dieu : le mal au XXIe siècle*).

En 2015, prenant conscience qu'il ne sert à rien d'attendre l'éditeur charmant, Lucia Canovi se décide à créer sa propre maison d'édition par internet, **lucia-canovi.com,** ce qui lui donne l'opportunité de publier *Freud tueur en série : vrais meurtres et théorie erronée*, chef-d'oeuvre d'investigation où Eric Miller prouve par A+B que Freud a sauvagement assassiné son neveu John, ainsi que quelques-uns de ses amis et quelques unes de ses patientes.

Lucia Canovi prend un plaisir subversif à mettre en pièces les mensonges les mieux établis, démolissant en priorité les impostures qui, en raison de leur ancienneté ou de leur succès quasi universel, semblent infiniment plus vénérables que les vérités ridiculisées qu'elles prétendent remplacer. D'où ce nom d'*iconoclaste*.

Elle est aussi l'inventrice des *offirmations*, et ce n'est pas une faute d'orthographe.

Aujourd'hui, Lucia Canovi vit tranquillement en Algérie avec son mari et ses deux enfants, et s'emploie à offrir le meilleur à ses lecteurs de plus en plus nombreux. Ses livres sont traduits en anglais, espagnol, allemand, italien, portugais, japonais, russe et néerlandais. Vous pouvez lui écrire à **lucia@lucia-canovi.com**.

Quittez les chemins battus !

"Clair, élégant, documenté... ce livre est vraiment un trésor !"

"J'ai trouvé une pépite..."

Mi-newsletter, mi-coaching existentiel, la lettre bleue vous aide à quitter les chemins battus et trouver le (vrai) bonheur... une citation à la fois.

Vous voulez quitter l'autoroute où tout le monde s'entasse pour trouver le (vrai) bonheur ?

Inscrivez-vous gratuitement à la lettre bleue. La lettre bleue, c'est une goutte de sagesse, de courage et d'anticonformisme tous les matins, sous la forme d'une citation commentée. Inscrivez-vous maintenant, et récupérez du même coup les 20 premières pages du *Trésor*.

C'est ici : http://lucia-canovi.com

Suivez Lucia Canovi
sur YouTube

Pour cela, abonnez-vous à sa chaîne :
https://www.youtube.com/user/LuciaCanovi

Table des matières

Introduction..5
Une « vraie maladie » ?..7
Prisme médical...8
Deux idées sœurs..9
Le pour..10
Zoom sur le pour...11
Le contre...12
Bla-bla médical...15
Cinéma ?...15
Soulagement..16
Quand le problème est mal posé...............................16
Des définitions aux décisions..................................17
Entre déprime et dépression.......................................20
Attention à la marche !...21
Artifice rhétorique...21
Les effets du lieu commun.......................................22
Le prétendu « déséquilibre chimique »..........................25
Fragment de vérité..26
Ce qu'on ne vous dit pas...26
Remonter aux causes premières................................27
Passe ton DEUG d'abord !.......................................29
Comment agir sur sa sérotonine...............................29
Le mythe de la fatalité génétique................................32
Théories saugrenues..33
Les arguments pour...34
La route n'est pas barrée...36
Changez ce qui doit l'être..37
Une découverte renversante.....................................38
« La Science, au secours !... »..................................39
Comme par hasard...41
Au nom de la chance..42
En attendant la foudre..43
Un vocabulaire tendancieux.....................................43
Que peut la volonté humaine ?...................................45
Les arguments pour...46
Le pour, de plus près...47
Rôle de la volonté...51

Les ingrédients complémentaires..................................51
Si vous croyez que vous êtes capable...........................53
Ce que vous déciderez de croire...................................54
La « faute à personne »...56
À l'origine des émotions...57
La dépression, un choix ?...58
Court terme...59
Long terme..60
« Tu peux faire mieux que ça ! ».................................61
Précieuse responsabilité...62
Votre décision...63
Des idées noires comme symptôme..............................66
Nos idées nous aident ou nous enfoncent....................67
Le consensus des sages...67
De la dépression comme symptôme..............................69
Parenthèse arc-en-ciel..69
Les méfaits d'une idée fausse.......................................70
Faut-il vraiment leur faire confiance ?.........................73
Confiance et volonté...74
Écoutez votre instinct...75
Des cordonniers mal chaussés......................................76
Aveu..79
À propos de Lucia Canovi..85
Quittez les chemins battus !...89
Suivez Lucia Canovi sur YouTube...............................91

www.ingramcontent.com/pod-product-compliance
Lightning Source LLC
Chambersburg PA
CBHW060152290526
45789CB00003B/1008